示范校重点专业建设成果教材
职业教育技能型实用人才培养系列规划教材

CHENGSHI GONGGONG JIAOTONG

城市公共交通服务用语

FUWU YONGYU

主　编　姜　雪　邱川鄂　蔡咏梅
主　审　钟晓芬

西南交通大学出版社
·成　都·

图书在版编目（CIP）数据

城市公共交通服务用语 / 姜雪，邱川鄂，蔡咏梅主编. —成都：西南交通大学出版社，2018.10

示范校重点专业建设成果教材 职业教育技能型实用人才培养系列规划教材

ISBN 978-7-5643-6572-1

Ⅰ. ①城… Ⅱ. ①姜… ②邱… ③蔡… Ⅲ. ①城市交通运输–服务人员–应用语言学–职业教育–教材 Ⅳ. ①F530.9

中国版本图书馆 CIP 数据核字（2018）第 249475 号

示范校重点专业建设成果教材
职业教育技能型实用人才培养系列规划教材

城市公共交通服务用语

主编	姜 雪 邱川鄂 蔡咏梅
责任编辑	梁 红
封面设计	何东琳设计工作室
出版发行	西南交通大学出版社 （四川省成都市二环路北一段 111 号 西南交通大学创新大厦 21 楼）
邮政编码	610031
发行部电话	028-87600564　028-87600533
网址	http://www.xnjdcbs.com
印刷	四川煤田地质制图印刷厂
成品尺寸	185 mm × 260 mm
印张	10
字数	213 千
版次	2018 年 10 月第 1 版
印次	2018 年 10 月第 1 次
定价	38.00 元
书号	ISBN 978-7-5643-6572-1

课件咨询电话：028-87600533
图书如有印装质量问题　本社负责退换
版权所有　盗版必究　举报电话：028-87600562

市级中职示范校重点专业建设教材编写委员会

主　任　李　灿　彭　超
副主任　钟晓芬　田跃红
委　员（以姓氏拼音排序）

蔡　继	陈茂贤	蔡咏梅	邓文杰	戴　鑫	邓　宇
何　川	何加龙	何　鹏	黄永波	姜　雪	蒋　勇
匡　鹏	康元博	林　波	李　广	罗宏亮	刘　君
李进才	李施其	罗　潇	李小燕	李　怡	刘永平
彭月秋	庞远智	邱川鄂	任金花	冉原野	孙　静
苏　峻	孙纪胜	帅　林	涂　波	谭　忱	唐艳红
唐　炽	温承钦	吴　刚	王　焦	汪　亮	吴　鹏
王　谦	蔚衍娟	谢文静	夏晓波	肖应刚	杨昌玉
尹红安	袁　佳	杨　杰	杨炎锋	郑才敏	郑国秀
周海涛	赵甲进	张　余	张云川	张芸聆	周益权
张　睿					

总　序

近 5 年来，国家先后颁布了《国务院关于加快发展现代职业教育的决定》（国发〔2014〕19 号）、《国家教育事业发展"十三五"规划》（国发〔2017〕4 号）、《国务院办公厅关于深化产教融合的若干意见》（国办发〔2017〕95 号），重庆市为贯彻落实国家颁布的相关政策文件，特制定了《重庆市人民政府关于加快发展现代职业教育的实施意见》（渝府发〔2015〕17 号）等政策文件，大力推进职业教育改革发展。

为积极响应国家政策，更好地适应重庆经济转型和产业结构调整的需要，2014 年，重庆市教委、市人力社保局、市财政局决定实施市级中等职业教育改革发展示范学校建设计划，2014—2016 年，在全市范围内重点支持建设不超过 30 所市级中等职业教育改革发展示范学校。项目学校通过人才培养模式改革、专业课程体系建设、校企合作、师资队伍建设等，促进学校改革创新、内涵发展，成为全市中等职业学校改革创新的示范、提高质量的示范、办出特色的示范，在中等职业教育改革发展中发挥引领骨干和辐射作用，为经济社会发展培养高素质劳动者和高技能技术人才。

2016 年 8 月，重庆市公共交通技工学校成功申报为市级中职示范校项目建设学校。经过两年的建设，在课程改革和教材建设上取得了可喜成绩，为进一步总结经验，固化成果，特组织骨干教师编写了 20 余门系列优质课程配套教材，并交由西南交通大学出版社审核出版。

本系列教材是在相关企业专家的悉心指导以及参与下完成的。教材以强化学生职业能力和培养综合素质为主线，以工作过程为导向，以典型工作任务和生产项目为载体，立足行业岗位要求，参照相关职业资格标准和行业技术标准，遵循中职学生成长规律、中职教育规律和行业生产规律进行开发建设。教材按照项目导向、任务驱动、模拟情境等教学模式要求，构建学习任务单元，注重学生可持续发展能力、创新能力、综合技术能力的培养，具有典型的工学结合特征。

  本系列教材是重庆市公共交通技工学校不断深化教学改革的结果，更是市级中职示范校建设的一项重要成果，其中凝聚了各位编审人员的大量心血与智慧，也凝聚了众多行业专家的智慧。同时，在编写过程中得到了有关兄弟院校的大力支持，在此一并表示诚挚感谢！希望该系列教材的出版能有助于促进中职相关专业人才培养质量的提高，能为交通运输类职业院校的教材建设起到积极的引领和示范作用。本系列教材涉及专业面广，加之编者对现代职业教育理念的学习和认知仍需不断地改进和提高，书中难免存在不妥之处，恳请专家、同行不吝赐教，以促使我们不断提高教材编写的质量和水平。

李 灿
2018 年 5 月

前言 PREFACE

为深入贯彻《国务院关于加快发展现代职业教育的决定》（国发〔2014〕19号）和全国职业教育工作会议精神，加强优质职教资源建设，根据重庆市委、市政府《关于大力发展职业技术教育的决定》（渝委发〔2012〕11号）有关要求，重庆市教育委员会、重庆市人力和社会保障局、重庆市财政局于2014年启动重庆市市级中等职业教育改革发展示范学校建设工作。2016年8月18日，重庆市公共交通技工学校获批立项成为重庆市第三批市级中等职业教育改革发展示范学校建设单位。

本书是重庆市公共交通技工学校示范校重点建设专业汽车驾驶专业的建设成果之一。本书总结了学校多年的专业教学经验，结合行业企业对客运服务的特殊要求，以学生就业为导向，以能力为本位，符合汽车驾驶专业教学改革精神，能够适应客运企业对驾驶技能型人才的要求。本书是在重庆市公共交通技工学校《汽车驾驶专业人才培养方案》和《汽车驾驶专业课程体系》的框架下，依据《国家普通话水平测试大纲》以及公交常用英语、手语编写的。本书具有以下特色：

1. 本书内容的选取突出以"学习者为中心、语用为中心、技能为中心"的职场用语课程特征，符合能力本位的职业教育需求；以城市公共交通服务规范用语、常用文明服务规范英语训练、常用文明服务规范手语训练为核心，创设仿真的语用环境，提高学习者的公交语言综合应用能力。

2. 本书配有常用词汇表，书后附有专业词汇表、城市公交术语等，便于学生自学和在实际工作中查阅。

3. 本书内容通俗易懂、信息量大、专业性强，旨在帮助学习者尽快熟悉城市公共交通服务语言，全面提升服务水平。

4. 本书既是技工学校汽车驾驶专业的教学用书，也可作为相关行业岗位培训或自学用书，同时可供公交行业汽车驾驶人员学习参考。

本书在编写过程中参考了大量的书籍、论文等文献资料，并引用了一些研究成果，在此对这些专家和学者表示深深的谢意。限于篇幅或由于工作疏忽或者其他转载的原因，有一些引证参考资料未列明出处，在此深表歉意。

本书由重庆市公共交通技工学校钟晓芬担任主审，限于编写水平，书中难免有不当之处，敬请广大院校师生提出意见和建议，以便再版时完善。

编　者
2018 年 5 月

目录 CONTENTS

第一章　城市公共交通服务标准语言 ·· 1
　　第一节　普通话作为城市公共交通服务标准语言的背景 ············ 1
　　第二节　语音知识 ··· 4
　　第三节　语音训练 ··· 9
　　第四节　普通话水平测试 ··· 30

第二章　服务规范用语 ··· 45
　　第一节　称谓规范语 ·· 45
　　第二节　礼貌服务用语 ··· 50
　　第三节　沟通与交流技巧 ·· 52

第三章　城市公共交通服务规范用语 ·· 61
　　第一节　城市公共交通服务语言 ····································· 61
　　第二节　城市公共交通客运服务语言规范 ·························· 68
　　第三节　对待残疾人士的语言技巧 ·································· 79
　　第四节　服务语言禁忌 ··· 80
　　第五节　城市公共交通客运服务文明沟通技巧 ···················· 83

第四章　常用文明服务规范英语训练 ·· 88
　　第一节　常用语训练 ·· 88
　　第二节　乘车服务用语训练 ··· 92
　　第三节　投诉及帮服用语训练 ······································· 104

第五章　常用文明服务规范手语训练 ·· 125
　　第一节　手语概述 ··· 126
　　第二节　手语类型 ··· 130
　　第三节　公交常用手语 ··· 135
　　第四节　公交手语实际运用 ··· 138

附　录 ··· 147

参考文献 ·· 150

第一章

城市公共交通服务标准语言

第一节 普通话作为城市公共交通服务标准语言的背景

一、普通话概述

(一)什么是普通话

普通话,即"现代标准汉语",是以北京语音为标准音,以北方话为基础方言,以典范的现代白话文著作为语法规范的现代汉民族共同语,是民族最重要的交际工具。《国家通用语言文字法》规定普通话是国家通用语言,也是联合国6种工作语言之一。它在全国范围通用,包括民族自治地区和少数民族聚居的地方。

(二)现代汉民族共同语的形成

现代汉民族共同语是以北京语音为标准音,以北方话为基础方言,以典范的现代白话文著作为语法规范的普通话。共同语的这种选择是以语言的发展规律作为依据的,与经济、政治、文化等因素是分不开的。

中国早在先秦时代就存在着古代汉民族共同语,有"雅言"(春秋)、"通语"(汉朝)、"官话"(明朝)等说法。早在数百年前,以北京话为代表的北方方言在整个社会就已经处于非常重要的地位。而金元以来,北京就成了我国政治、经济和文化的中心。所以共同语在北京话的基础上形成,是历史发展的必然。

1955年10月,全国文字改革会议和现代汉语规范问题学术会议相继召开,从语音、词汇、语法三个方面确定了现代民族共同语的标准,为普通话下了科学的定义。

(三)普通话与方言的关系

方言本身也是一种完整的语言体系。民族共同语和方言不是相互对立的。民族共同语的形成,普通话的推广,并不以方言的消亡作为前提。现代汉语方言大致可以分为以下七大方言区:

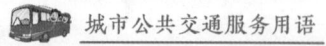

1. 北方方言

以北京话为代表。分布地域最广，分布在长江以北地区，长江南岸的镇江到九江以东的沿江地带，湖北、四川、云南、贵州等省和湖南省的西北部及广西北部一带。使用人口约占汉族总人口的73%。

2. 吴方言

以杭州话为典型代表。也有人认为从现在的影响看，上海话应作为吴方言的代表。分布在江苏长江以南镇江以东（不包括镇江）地区和浙江的大部分地区。使用人口约占汉族总人口的7.2%。

3. 湘方言

以长沙话为代表。分布在湖南大部分地区。使用人口占汉族总人数的3.2%左右。

4. 赣方言

以南昌话为代表。分布在江西（东北沿江地带和南部除外）、湖北东南一带。使用人口占汉族总人口的3.2%左右。

5. 客家方言

以广东梅县话为代表。分布在广东东部和北部、广西东南部、福建西部，此外，湖南、四川一些地方也说客家方言。客家人从中原迁徙到南方，虽然居住分散，但客家话仍自成系统，内部差别不算太大。使用人口占汉族总人数的3.6%左右。

6. 闽方言

现代闽方言主要分布在福建省，广东的东部潮州、汕头一带，海南省和台湾的大部分地区。闽方言内部分歧较大，可分为五个次方言：闽东、闽南、闽北、闽中、莆仙。闽方言使用人数约占汉族总人口的5.7%。

7. 粤方言

以广州话为代表，当地人称"白话"。分布在广东中部、西南部，广西东部、南部以及我国香港、澳门特别行政区。使用人口约占汉族总人数的4%。

二、推广普通话的法律依据

《中华人民共和国宪法》第十九条规定：国家推广全国通用的普通话。《中华人民共和国民族区域自治法》《中华人民共和国教育法》等多部法律都提出要推广、使用普通话，《中华人民共和国国家通用语言文字法》于2001年1月1日起施行，这是我国第一部有关语言文字的专门法律，规定了普通话和规范汉字作为国家通用语言文字的法律地位，并对国家机关、学校、新闻媒体和公共服务行业等使用国家通用语言文字做出了明确规定。

三、推广普通话的意义

第一，大力推广、积极普及全国通用的普通话，有利于克服语言隔阂，促进社会交往，对社会主义经济、政治、文化建设具有重要意义。

第二，推广普通话，营造良好的语言环境，有利于促进人员交流、商品流通和建立统一的市场。人们开始自觉地要求在经济活动中使用普通话。

第三，推广普通话是国家统一和民族团结的需要。一个国家、一个民族是否拥有统一、规范的语言，是关系到国家独立和民族凝聚力的具有政治意义的大事。

第四，推广普通话是加强素质教育的需要。我国跨世纪教育发展与改革的基本任务是实施素质教育，第三次全国教育工作会议颁布的《中共中央、国务院关于深化教育改革全面推进素质教育的决定》对培养创新人才、全面推进素质教育提出了明确的要求。素质，是知识、能力和良心修养的综合反映。语言文字是思维表达的工具、文化知识的载体和交际能力的依托，因而是素质构成与发展的基础，是文化建设的必要条件。

第五，语言文字作为一种社会工具，记录着科学技术发展的已有成果，传递着科技发展的最新信息。科学技术越发达，语言文字的应用就越广泛，与社会的关系就越密切。

第六，推广普通话是各行各业自身建设的内在需求。对教育系统来说，"普通话是教师的职业语言，用普通话进行教学是合格教师的必备条件之一，是师范院校和职业中学学生的职业基本功"。对于党政机关来说，以普通话作为工作用语是执法行为，它体现了机关工作的严肃性和规范性，有利于提高干部素质和加强机关文明建设。对广电系统来说，使用标准、规范的语言文字，不仅关系到广播、电影、电视的实际效果，而且对全社会语言文字的规范化具有重大影响。对于企业和交通、邮电、金融、商贸、旅游等服务行业来说，推广普通话能够提高员工队伍的文化素质和整体修养，促进企业和行业的文化建设，帮助树立良好形象，提高经济效益和社会效益，是企业和行业自身更好地服务社会的需要。

四、城市公共交通行业推行普通话的相关规定

1986年中央六部委联合发出《关于加强开放、旅游城市推广普通话工作的通知》以来，特别是1990年全国城市社会推广普通话工作经验交流会以后，各地公交主管部

门和企业开始在城市公共交通领域推广使用普通话，把普通话作为城市公交系统开展服务工作，同广大乘客进行感情交流的工具。例如《重庆市道路运输驾驶员管理办法》（重庆市人民政府令第 249 号），已经于 2011 年 1 月 31 日市人民政府第九十三次常务会议通过，其中第三章第十八、十九条明文规定：公交车驾驶员须仪表整洁、礼貌待客，使用文明用语；使用普通话，准确播报停靠站名称。

在公交职工中推广普通话是城市精神文明建设的需要，对提高从业人员素质和公交企业经济效益，对改善经济活动的社会环境，提高社会效益具有重要作用。为此，普通话成为城市公共交通服务人员的职业语言，使用并普及文明礼貌用语、把握说话分寸、提高语言修养以及如何处理乘客投诉等专业知识都是从业上岗最基本的要求。要想成为一名合格的城市公共交通从业人员，学好普通话是第一步。

第二节　语音知识

一、语音概述

（一）概　念

语音是人的发音器官发出来的具有一定意义的声音。它不同于自然界的各种声音，也区别于其他动物的声音。

（二）性　质

语音具有物理属性、生理属性、心理属性、社会属性等特点。语音的社会属性是语音的本质属性。

1. 物理属性

（1）音高，指声音的高低，它决定于发音体振动的快慢。

（2）音强，指声音的强弱，它与发音体振动幅度的大小有关。

（3）音长，指,声音的长短，它决定于发音体振动的时间的久暂。

（4）音色，又叫"音质"，指声音的特色。音色的差别主要决定于物体振动所形成的音波波纹的曲折形式不同。发音体、发音方法、发音时共鸣器形状的不同都会造成音色的不同。

任何声音都是音高、音强、音长、音色的统一体，语音也不例外。音色是语音中用来区别意义的最重要的元素，在普通话中，音高的作用也特别重要。

2. 生理属性

人的发音器官可以分为三大部分，即肺和气管、喉头和声带、口腔和鼻腔。

如图 1.1 所示，从前往后看，口腔上部可分上唇、上齿、齿龈、硬腭、软腭和小舌六个部分，口腔下部可分下唇、下齿和舌头三大部分。舌头又可分舌尖、舌叶、舌面三部分，舌面又分为前、中、后三部分，舌面后习惯称舌根。

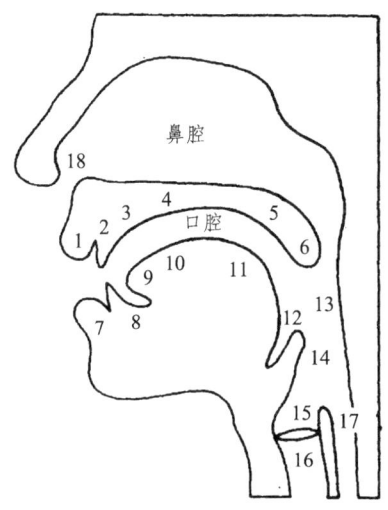

图 1.1　发音器官图

1—上唇；2—上齿；3—齿龈；4—硬腭；5—软腭；6—小舌；7—下唇；8—下齿；
9—舌尖；11—舌面；12—舌根；13—咽壁；14—喉盖；15—声带

3. 心理属性

语音的心理属性是语音的物理属性和生理属性的反映。语言交际中，当声音传入一个人的耳朵后，听觉神经会像一个过滤器，只把那些反映"本质事物"的声音传给大脑的听觉神经。因而，语音的心理属性实际上是对语音的物理属性、生理属性的一种概括性反映。听音者感受到的声音，只是发音者发出声音的一个部分，而听音者要"回答"发音者，也是以大脑听觉神经接收到的"本质事物"为依据，再指挥发音器官发音的。这个过程告诉我们，语音的分辨能力总是先于发音能力的。聋人听不见声音，也就无法回答发音者。因此，学习一种评议，发准一个音，首先考察和训练听音能力和辨音能力非常重要。比如：老师让学生一味跟读"l"声母，可学生发出的还是"n"，原因就在于学生并非口舌不灵，而是"听觉"有"障碍"。一个人如果长期听一种方言（或语言），那么其听觉则对这种方言（或语言）的感知就比较熟悉和固定，如果这个人要改读另一种语言（如普通话）或方言，听觉神经则往往从"语言习得"的语音去感知，而对有别于方音"习得"的东西反应"迟钝"，甚至会"听而不闻"。因而正确认识和了解语音的心理属性，对于语言学习和语音教学无疑是有重要意义的。

4. 社会属性

语音的社会属性主要表现在以下几个方面。首先，语音是语言的信息载体，它的信息传播的功能是社会赋予的。其次，一定的语音表达什么样的意义是任意的，是由社会决定的，这是语音的社会性的体现。最后，语音的社会属性还反映在语音的民族性和地方性方面。

（三）语音的几个基本概念

1. 音节、音素

音节是语音的基本结构单位，是听觉上最容易分辨出来的语音单位，也是一次发生的最自然的语音单位。一般来说，一个汉字就代表一个音节，例如"需要是发明之母"xūyào shì fāmíng zhī mǔ七个汉字就是七个音节。只有少数儿化的音节，例如"花儿"写作两个汉字，却是一个音节huār。

音素是语音的最小单位，是从音节中分拆出来的，代表着一个具体的不能再分拆的音。比如"shū"（书）是个音节，继续划分就得出"sh""u"两个音素。音素是音节的构成单位，一个音节可以由一个音素构成，也可以由几个音素构成。普通话有32个音素。每个音素具有不同的音色。音素与字母也是不相同的，见表1.1。

表1.1 普通话音素表

音素与字母的关系	音 素 符 号
一个字母代表一个音素	a, o, e, u, b, p, m, f, d, t, n, l, g, k, h, j, q, x, r, z, c, s
一个字母代表几个音素	i [舌面i（bi）、舌尖前-i（zi）、舌尖后-i（zhi）]
两个字母代表一个音素	er, ng, zh, ch, sh
一个字母加上一个符号，代表一个音素	ê, ü

2. 元音和辅音

音素按发音情况不同，可分为元音和辅音。

元音，也叫母音，是指呼出的气流不受阻碍而形成的音。如a, o, e, i, u, ü等。

辅音，也叫子音，是指呼出的气流克服发音器官的阻碍而形成的音。如b, p, d, t, g, k等。

3. 声母、韵母和声调

声母就是一个音节开头的辅音，韵母就是声母后面的部分，而声调就是音高的变化，即一个音节高低升降的变化。

4. 声调符号

阴平	阳平	上声	去声
ˉ	ˊ	ˇ	ˋ

声调符号标在音节的主要母音上，轻声不标。例如：

妈 mā　　　　麻 má　　　　马 mǎ　　　　骂 mà　　　　吗 ma

（阴平）　　（阳平）　　（上声）　　（去声）　　（轻声）

5. 隔音符号

a，o，e 开头的音节连接在其他音节后面的时候，如果音节的界限发生混淆，用隔音符号（'）隔开，例如：pi'ao（皮袄）。

（四）汉语拼音方案

《汉语拼音方案》是根据普通话语音系统制订的一个给汉字注音和拼写普通话语音的方案。1956 年，中国文字改革委员会公布了《汉语拼音方案（草案）》，并在全国广泛征求意见，经过反复修订，于 1958 年 2 月 11 日由第一届全国人民代表大会第五次会议批准作为正式方案推行。

1. 字母表

表 1.2　字母表

字母	名称	字母	名称
Aa	ㄚ	Nn	ㄋㄝ
Bb	ㄅㄝ	Oo	ㄛ
Cc	ㄘㄝ	Pp	ㄆㄝ
Dd	ㄉㄝ	Qq	ㄑㄧㄡ
Ee	ㄜ	Rr	ㄚㄦ
Ff	ㄝㄈ	Ss	ㄝㄙ
Gg	ㄍㄝ	Tt	ㄊㄝ
Hh	ㄏㄚ	Uu	ㄨ
Ii	ㄧ	Vv	ㄞㄝ
Jj	ㄐㄧㄝ	Ww	ㄨㄚ
Kk	ㄎㄝ	Xx	ㄒㄧ
Ll	ㄝㄌ	Yy	ㄧㄚ
Mm	ㄝㄇ	Zz	ㄗㄝ

注：V 只用来拼写外来语、少数民族语言和方言。字母的手写体依照拉丁字母的一般书写习惯。

2. 声母表

表 1.3　声母表

b ㄅ玻	p ㄆ坡	m ㄇ摸	f ㄈ佛	d ㄉ得	t ㄊ特	n ㄋ讷	l ㄌ勒
g ㄍ哥	k ㄎ科	h ㄏ喝	j ㄐ基	q ㄑ欺	x ㄒ希		
zh ㄓ知	ch ㄔ蚩	sh ㄕ诗	r ㄖ日	z ㄗ资	c ㄘ雌	s ㄙ思	

3. 韵母表

表 1.4　韵母表

	i ㄧ衣	u ㄨ乌	ü ㄩ迂
a ㄚ啊	ia ㄧㄚ呀	ua ㄨㄚ蛙	
o ㄛ喔		uo ㄨㄛ窝	
e ㄜ鹅	ie ㄧㄝ耶		üe ㄩㄝ约
ai ㄞ哀		uai ㄨㄞ歪	
ei ㄟ诶		uei ㄨㄟ威	
er ㄦ儿			
ao ㄠ熬	iao ㄧㄠ腰		
ou ㄡ欧	iou ㄧㄡ忧		
ev ㄝ			
an ㄢ安	ian ㄧㄢ烟	uan ㄨㄢ弯	üan ㄩㄢ冤
en ㄣ恩	ien ㄧㄣ因	uen ㄨㄣ温	ün ㄩㄣ晕
ang ㄤ昂	iang ㄧㄤ央	uang ㄨㄤ汪	
eng ㄥ亨的韵母	ieng ㄧㄥ英	ueng ㄨㄥ翁	üeng ㄩㄥ雍

（1）"知、蚩、诗、日、资、雌、思"等七个音节的韵母用 i，即知、蚩、诗、日、资、雌、思等字拼作 zhi, chi, shi, ri, zi, ci, si。

（2）韵母儿写成 er，用作韵尾的时候写成 r。例如："儿童"拼作 ertong，"花儿"拼作 huar。

（3）韵母ㄝ单用的时候写成 ê。

（4）i 行的韵母，前面没有声母的时候，写成 yi（衣），ya（呀），ye（耶），yao（腰），you（忧），yan（烟），yin（因），yang（央），ying（英），yong（雍）。

u 行的韵母，前面没有声母的时候，写成 wu（乌），wa（蛙），wo（窝），wai（歪），wei（威），wan（弯），wen（温），wang（汪），weng（翁）。

ü行的韵母，前面没有声母的时候，写成 yu（迂），yue（约），yuan（冤），yun（晕）；ü上两点省略。

ü行的韵母跟声母 j，q，x 拼的时候，写成 ju（居），qu（区），xu（虚），ü上的两点也省略；但是跟声母 n，l 拼的时候，仍然写成 nü（女），lü（吕）。

（5）iou，uei，uen 前面加声母的时候，写成 iu，ui，un，例如：niu（牛），gui（归），lun（论）。

（6）在给汉字注音的时候，为了使拼写式简短，ng可以省作 ŋ。

第三节　语音训练

一、声母训练

（一）认识声母

声母是指音节开头的辅音。由辅音充当的声母叫作辅音声母，除此之外，还有的音节没有辅音作声母，声母可以看作为"零"，习惯上叫作零声母。

（二）辅音声母的本音和呼读音

声母本来的发音叫作本音。声母的本音一般发音不响亮，为了称呼和练习发音，常在每个声母本音的后面配上不同的元音，这样发出的音叫作声母的呼读音。辅音声母共有 21 个，其本音和呼读音如下：

本音	b	p	m	f	d	t	n	l	g	k	h	j	q
呼读音	bo	po	mo	fo	de	te	ne	le	ge	ke	he	ji	qi

本音	x	zh	ch	sh	r	z	c	s
呼读音	xi	zhi	chi	shi	ri	zi	ci	si

注:"ji, qi, xi"中的"i"是舌面元音;"zi, ci, si"中的"èi"是舌尖前元音;"zhi, chi, shi, ri"中的"èi"是舌尖后元音。

(三)声母的发音

普通话声母由辅音充当。辅音的发音是由发音部位和发音方法决定的。发音部位是指发音时发音器官对气流形成阻碍的位置;发音方法包括三个基本方面,即发音阻碍气流的方式、气流的强弱、声带是否颤动。

1. 根据辅音声母的发音部位,声母可分为七类,如表1.5所示:

表1.5 声母的发音

发音种类		声母	构成阻碍的方式
唇音	双唇音	b, p, m	上唇与下唇构成阻碍
	唇齿音	f	上齿与下唇构成阻碍
舌尖音	舌尖前音	z, c, s	舌尖与上齿背构成阻碍
	舌尖中音	d, t, n, l	舌尖与上齿龈构成阻碍
	舌尖后音	zh, ch, sh, r	舌尖与硬腭前沿构成阻碍
舌面音	舌面前音	j, q, x	舌面前与硬腭构成阻碍
	舌根音(舌面后音)	g, k, h	舌根与软腭构成阻碍

2. 辅音声母的发音方法,有阻碍气流方式、气流强弱、声带是否振动三个方面。

(1)根据阻碍气流的方式,声母可分为五类,如表1.6所示:

表1.6 声母的发音

发音种类	声母	发音方法
塞音	b, p, d, t, g, k	发音时,发音部位某两个部分完全闭合,气流积聚受阻部位,阻塞部分突然打开,气流从内迸裂而出,爆发成声
擦音	f, h, x, s, sh, r	发音时,发音部位某两个部分靠近,形成缝隙,气流从中挤出,造成摩擦音
塞擦音	z, c, zh, ch, j, q	发音时,发音部位某两个部分先闭合,阻住气流,后逐步放开,形成一条窄缝,让气流从缝隙挤出,造成塞擦音
鼻音	m, n	发音时,口腔里形成阻碍的两个部分完全闭合,封住气流的口腔通道,软腭下垂,打开鼻腔通道,气流振动声带,经鼻腔流出成音
边音	l	发音时舌尖与上齿龈后部接触,造成口腔中路阻塞,同时软腭上升,封住鼻腔通道,气流振动声带,沿舌的两边流出,造成边音

(2)普通话声母中的塞音和塞擦音发音时气流有强弱之别。发音时送出气流较强的是送气音;发音时送出气流较弱的是不送气音。

① 送气音:p, t, k, q, ch, c
② 不送气音:b, d, g, j, zh, z

（3）根据发音时声带是否颤动，普通话辅音声母有"清音"和"浊音"之分。发音时声带不颤动的是清音，发音时声带颤动的是浊音。普通话里除了 m, n, l, r 四个浊音外，其余都是清音声母。

结合发音部位和发音方法两个方面，可以把 21 个辅音声母的发音列表表示，如表 1.7 所示：

表 1.7 普通话辅音声母发音表

发音方法\发音部位		塞音 清音		塞擦音 清音		擦音		鼻音	边音
		不送气音	送气音	不送气音	送气音	清音	浊音	浊音	浊音
唇音	双唇音	b	p					m	
	唇齿音					f	(v)		
舌尖音	舌尖前音			z	c	s			
	舌尖中音	d	t					n	l
	舌尖后音			zh	ch	sh			
舌面音	舌面前音			j	q	x			
	舌面后音（舌根音）	g	k			h			

（四）零声母

1. 零声母音节

"ā"（啊）、"ān"（安）、"ǎo"（袄）、"ōu"（欧）、"é"（鹅）、"yī"（衣）、"yè"（夜）、"wū"（乌）、"wèn"（问）、"yuān"（冤）等都是零声母音节。这些零声母音节从形式上看有两种：一种是音节的第一个字母是元音字母；一种是音节的开头的字母是"y"或"w"。

2. "y, w"的作用

"y, w"不是声母，只起分割音节的作用。在多音节拼写中，部分零声母容易误读，因此就用加写"y, w"或改写"y, w"的办法进行区别。如果不使用"y, w"来分隔音节，容易产生歧义，例如"fani"可以读作"发腻"，也可读作"翻译"。"y, w"的作用类似隔音符号（'）的作用，但它们有不同的分工，如表 1.8 所示。

表 1.8 隔音符号（'）和"y, w"的隔音作用对照

名称	作用	例词
隔音符号（'）	分隔词中第二个音节的第一个字母为 a, o, e 的零声母音节	西安（xī'ān）
y, w	分隔 i, u, ü 开头的零声母音节	野外（yěwài）

城市公共交通服务用语

3. "y, w" 的出现方式

（1）加写 y, w。

i 行和 u 行的韵母自成音节时，如果 i 和 u 后面没有别的元音，就分别在 i 前加 y，在 u 前加 w；ü 行韵母自成音节时，不论后面有没有别的元音，一律在 ü 前加 y，加 y 后，ü 上两点省去。例如：

i→yi（衣）　　　　　　　　　in→yin（因）

ing→ying（英）　　　　　　u→wu（屋）

ü→yu（迂）　　　　　　　　üan→yuan（冤）

（2）改写 y, w。

i 行和 u 行韵母自成音节时，如果 i 和 u 的后面还有别的元音，就分别把 i 改写成 y，把 u 改写成 w。例如：

ia→ya（压）　　　　　　　　ie→ye（耶）

iao→yao（腰）　　　　　　　iang→yang（央）

ua→wa（蛙）　　　　　　　 uan→wan（弯）

零声母音节的发音，虽然这类音节可以把声母看成"零"，但实际发音时，音节开头仍带有某些辅音性质的成分（起始部分带有一点轻微摩擦），只不过它并不明显，并且不具有区别语素或词的功能，所以不必强调，可以忽略不计。

声母发音练习

1. 认读下列词语，发准每个字音的声母

b	辨别 biànbié	褒贬 bāobiǎn	臂膀 bìbǎng
p	乒乓 pīngpāng	澎湃 péngpài	偏僻 piānpì
m	埋没 máimò	迷蒙 míméng	漫骂 mànmà
f	仿佛 fǎngfú	防范 fángfàn	吩咐 fēnfù
d	导弹 dǎodàn	道德 dàodé	点滴 diǎndī
t	探讨 tàntǎo	挑剔 tiāotì	忐忑 tǎntè
n	泥泞 nínìng	袅娜 niǎonuó	能耐 néng·nai
l	磊落 lěiluò	浏览 liúlǎn	裸露 luǒlù
g	尴尬 gāngà	巩固 gǒnggù	梗概 gěnggài
k	慷慨 kāngkǎi	苛刻 kēkè	空旷 kōngkuàng
h	花卉 huāhuì	悔恨 huǐhèn	浩瀚 hàohàn
j	经济 jīngjì	寂静 jìjìng	倔强 juéjiàng
q	崎岖 qíqū	乔迁 qiáoqiān	确切 quèqiè

x	喜讯 xǐxùn	休息 xiū·xi	遐想 xiáxiǎng
zh	茁壮 zhuózhuàng	种植 zhòngzhí	主张 zhǔzhāng
ch	驰骋 chíchéng	拆除 chāichú	穿插 chuānchā
sh	神圣 shénshèng	闪烁 shǎnshuò	赏识 shǎngshí
r	荣辱 róngrǔ	柔韧 róurèn	荏苒 rěnrǎn
z	总则 zǒngzé	自尊 zìzūn	罪责 zuìzé
c	残存 cáncún	粗糙 cūcāo	参差 cēncī
s	松散 sōngsǎn	琐碎 suǒsuì	诉讼 sùsòng

2. 认读下列词语，体会零声母音节发音的特点

安稳 ānwěn	阿姨 āyí	哀怨 āiyuàn
欧阳 Ōuyáng	讴吟 ōuyín	欧元 ōuyuán
额外 éwài	而已 éryǐ	俄语 éyǔ
医务 yīwù	一样 yīyàng	疑问 yíwèn
以往 yǐwǎng	以为 yǐwéi	亿万 yìwàn
义务 yìwù	议员 yìyuán	因为 yīn·wèi
音乐 yīnyuè	引用 yǐnyòng	引诱 yǐnyòu
隐约 yǐnyuē	英勇 yīngyǒng	英语 yīngyǔ

（五）辨证声母

1. 辨证鼻音声母 n 和边音声母 l 的字音

（1）声母 n 与 l 的发音要领。

要读准辅音声母 n 与 l，关键在于控制软腭的升降。n 和 l 发音的共同点都是把舌尖抵住上齿龈，口腔展开。区别在于发 n 时，软腭下垂，让气流完全从鼻腔出来，形成鼻音；发 l 时，软腭上升，封住鼻腔通道，让气流从舌头两边出来，绝不带一点鼻音，形成纯粹的边音。练习发边鼻音的基本词可为："旅客"（lǔkè）——"女客"（nǔkè），"荷兰"（hélán）——河南（hénán）等。

（2）声母 n 与 l 字音的错读现象。

① 没有鼻音声母 n（或鼻音微弱），鼻音声母 n 被边音声母 l 代替。

某些方言没有鼻音声母 n，普通话里的这类字音，方言区的人念成了声母为边音的 l。如"男女"（nánnǔ）与"褴褛"（lánlǔ）读音相同，"河南"（hénán）与"荷兰"（hélán）读音相同，没有边鼻音的区分。

② 边鼻不分，自由变读。

某些方言中，鼻音声母 n 与边音声母 l 混为一谈，分不清楚。或者将 n 声母与 l

声母的字音都念成 n 作声母，但鼻音通常较弱；或者念成 l 的鼻化音声母，造成了既不是 n 音，也不是 l 音。同一地区，同一个人，甚至几种念法都存在，一时念这，一时念那，结果是 n，l 不分，自由变读。

③ 声母 n 与 i 行韵母构成音节时，念成零声母音节。

鼻音声母 n 与 i 行韵母构成音节时，地方话中有把辅音 n 省掉的，使原音节变为零声母音节，或在韵母前加 y，或改 i 为 y。如："你"普通话念"nǐ"，地方话念"yǐ"，"年"普通话念"nián"，地方话念"yán"，如表 1.9 所示：

表 1.9 声母 n 与 i 行韵母构成的常用字的读音对照表

音 节	例 字（加点字）	普 通 话	方 言
ni	尼姑　呢绒　泥巴　霓虹灯	ní	yí
	拟定　你	nǐ	yǐ
	亲昵　叛逆　发腻	nì	yí
nian	拈阄儿　蔫呼呼	niān	yān
	年龄　黏稠	nián	yán
	碾子　撵上	niǎn	yǎn
	想念	niàn	yàn
niang	大娘	niáng	yáng
niao	鸟枪	niǎo	yǎo
	屎尿	niào	yào
nie	捏造	niē	yē
	聂耳　罪孽	niè	yè
nin	您	nín	yí
ning	拧毛巾　凝固	níng	yíng
	宁愿	nìng	yìng
niu	小妞儿	niū	yōu
	水牛	niú	yóu
	扭转　忸怩　枢纽　电钮	niǔ	yǒu

④ 声母 l 与 ü 行韵母构成的部分音节念成零声母音节。

边音声母 l 与 ü 行韵母构成音节时，辅音 l 被省掉，使原音节变为零声母音节，或在韵母加 y，或改 i 为 y。如："吕"（lǚ）读成 yǔ，"旅"（lǚ）读成 yǔ，"掠"（lüè）读成 yuè 等，表 1.10 为声母 l 与 ü 行韵母构成的常用字的读音对照表。

表 1.10　声母 l 与 ü 行韵母构成的常用字的读音对照表

音节	例　字（加点字）	普通话	方言
lü	闾巷　棕榈　驴（方音又念 lú）子	lú	yú
	吕剧　侣伴　旅客　铝制品　屡次　缕缕　褴褛　履历	lǚ	yǔ
	纪律（方音又念 lú）　效率　绿色（方音又念 lú）　考虑（方音又念 luì）　氯气（方音又念 lú）　过滤（方音又念 luì）	lǜ	yù
lüe	掠夺　侵略	lüè	yuè

辨证练习

1. 认读下列词语，比较 n 声母和 l 声母的发音差异

奶娘 nǎiniáng　　　　奶牛 nǎiniú　　　　能耐 néng·nai

呢喃 nínán　　　　　泥淖 nínào　　　　泥泞 nínìng

南宁 Nánníng　　　　扭捏 niǔniē　　　　牛奶 niúnǎi

拉链 lāliàn　　　　　拉力 lālì　　　　　来临 láilín

劳累 láolèi　　　　　牢笼 láolóng　　　　勒令 lèlìng

2. 认读下列词语，辨证 n 声母和 l 声母的字音

哪里 nǎ·li　　　　　纳凉 nàliáng　　　　奶酪 nǎilào

耐劳 nàiláo　　　　脑力 nǎolì　　　　　内陆 nèilù

嫩绿 nènlǜ　　　　能量 néngliàng　　　尼龙 nílóng

逆流 nìliú　　　　　年轮 niánlún　　　　拈连 niānlián

凝练 níngliàn　　　鸟类 niǎolèi　　　　牛郎 niúláng

3. 对比认读下列词语，辨证 n 声母和 l 声母的字音

男女 nánnǚ—褴褛 lánlǚ　　　　恼怒 nǎonù—老路 lǎolù

脑力 nǎolì—劳力 láolì　　　　　南天 nántiān—蓝天 lántiān

南宁 Nánníng—兰陵 Lánlíng　　难住 nánzhù—拦住 lánzhù

脑子 nǎo·zi—老子 lǎozǐ　　　　闹灾 nàozāi—涝灾 làozāi

2. 辨证声母 zh，ch，sh，r 与 z，c，s 的字音

（1）声母 zh，ch，sh，r 与 z，c，s 的发音要领。

声母 zh，ch，sh，r 的发音是将舌尖向上翘起，抵住前硬腭（即上齿龈后隆起处），口腔要自然展开。应注意：舌尖与前硬腭接触面不能过宽。练习方法：首先发 r 的呼读音 ri，拖长其尾音，这个尾音就是 zh，ch，sh 的韵母，再加上声母 zh，ch，sh，拼得的音就是翘舌音 zh，ch，sh 的呼读音 zhi，chi，shi。声母 z，c，s 的发音是舌尖轻轻顶住上齿背，逐渐放开，形成一条窄缝，气流从中挤出。

（2）声母 zh，ch，sh，r 与 z，c，s 字音的错读现象。

① 无翘舌声母 zh，ch，sh，r。

有些方言里没有翘舌声母 zh，ch，sh，r，将普通话翘舌声母 zh，ch，sh 的字音一律念成用 z，c，s 作声母的字音，将声母 r 念成[z]（[z]的发音状况：舌尖前，浊、擦音）。

② 发音时，舌位不正确，zh，ch，sh，r 发音不准。

某些方言有一定的翘舌音，但 zh，ch，sh 作声母的字音范围比普通话略小，例如 "师生"（shīshēng）一词，也被念成 "sīsēng"。即便是有平翘之分的方言里的翘舌声母 zh，ch，sh，r 与普通话的翘舌声母 zh，ch，sh，r 也存在着差异，主要表现为：zh，ch，sh，r 的发音部位略靠前（舌尖顶住牙龈）或略靠后（舌头卷起来顶住硬腭后部）。

③ 发音时，口腔舒展度不够，声母平翘舌音模糊不清。

方言里发翘舌声母 zh，ch，sh，r 和平舌声母 z，c，s 时，不注意口形，口腔常常收得很小，发出的声母 zh，ch，sh，r 不是翘舌音，给人的感觉倒像是抬舌音，即不是舌头舒展开舌尖翘起来，而是舌面平抬伸着。

④ 声母 zh，ch，sh 或声母 z，c，s 之间混念。

把 zh 念成 ch，ch 念成 sh，sh 念成 zh，或者把 z 念成 c，把 c 念成 s 等情况在一些方言中也存在。例如："造"（zào）念成 cào，"泽"（zé）念成 cé，"伸"（shēn）念成 chēn 等。

辨证练习

1. 认读下列词语，比较翘舌声母与平舌声母的发音差异

珍珠 zhēnzhū	真挚 zhēnzhì	斟酌 zhēnzhuó
诊治 zhěnzhì	挣扎 zhēngzhá	纸张 zhǐzhāng
制止 zhìzhǐ	种植 zhòngzhí	周转 zhōuzhuǎn
主旨 zhǔzhǐ	装帧 zhuāngzhēn	卓著 zhuózhù
咂嘴 zāzuǐ	栽赃 zāizāng	在座 zàizuò

2. 认读下列词语，辨证翘舌声母和平舌声母

杂志 zázhì　　　　　栽种 zāizhòng　　　　在职 zàizhí

赞助 zànzhù　　　　滋长 zīzhǎng　　　　增值 zēngzhí

自制 zìzhì　　　　　奏章 zòuzhāng　　　　宗旨 zōngzhǐ

总账 zǒngzhàng　　　诅咒 zǔzhòu　　　　　罪证 zuìzhèng

尊重 zūnzhòng　　　 佐证 zuǒzhèng　　　　作者 zuòzhě

3. 对比认读下列词语，辨证平舌声母和翘舌声母的字音

阻力 zǔlì——主力 zhǔlì　　　　栽桃 zāitáo——摘桃 zhāitáo

自立 zìlì——智力 zhìlì　　　　暂时 zànshí——战时 zhànshí

大字 dàzì——大致 dàzhì　　　 赞助 zànzhù——站住 zhànzhù

自序 zìxù——秩序 zhìxù　　　　字纸 zìzhǐ——质子 zhìzǐ

辞职 cízhí——赤字 chìzì　　　 粗布 cūbù——初步 chūbù

4. 认读下列词语，分清字音的声母

参战 cānzhàn　　　　致辞 zhìcí　　　　侦察 zhēnchá

珠算 zhūsuàn　　　　挫折 cuòzhé　　　 才智 cáizhì

珍藏 zhēncáng　　　 失真 shīzhēn　　　 辞章 cízhāng

出租 chūzū　　　　　松弛 sōngchí　　　 舒畅 shūchàng

色彩 sècǎi　　　　　作祟 zuòsuì　　　　慈善 císhàn

3. 辨证声母 f 和声母 h 的字音

（1）声母 f 和 h 的发音要领。

f 是唇齿音，上齿靠在下唇上面构成阻碍，并留有缝隙，气流从中挤出，摩擦成音；h 是舌根音，舌面后部与软腭构成阻碍，气流从缝隙间挤出成音。在练习过程中，要注意它们的发音区别。没有 f 声母地区的人首先要学会唇齿音 f 的发音。

（2）声母 f 和 h 字音的错读现象。

① 声母 f，h 不分，绝大部分字音反念。

有些地区方言里，把 f 声母的字音念成了 h 作声母，把 h 声母的字音念成了 f 作声母。有这样一个例子："飞机在天上打翻翻"（fēijī zài tiānshang dǎ fānfān），方言念成：huījī zài tiānshang dǎ huānhuān。

② 声母 h 与韵母 u 相拼时，念成了 f 作声母。

一些地区的方言里，声母 f 和 h 的绝大部分字音能分清，但把声母 h 与韵母 u 构成的音节却念成 f 作声母。如："互相"（hùxiāng）念成 fùxiāng，"爱护"（àihù）念成 àifù 等。针对把 "hu" 念成 "fu" 的情况，记住 "hu" 音节字音，就可以分清 f 声母和 h 声母。

③ "hu" 音节字认读练习。

hū——乎、呼、忽、糊

几乎 jīhū　　　　　呼吸 hūxī　　　　　忽然 hūrán

往墙上糊泥 wǎng qiáng shang hū ní

hú——囫、和、狐、弧、胡、壶、核、葫、鹄、湖、瑚、蝴、糊，（"和"又念 hé、hè，huó，huò，"核"又念 hé）

囫囵 húlún　　　　和牌 húpái　　　　狐狸 hú·li　　　　湖泊 húpō

弧度 húdù　　　　胡乱 húluàn　　　酒壶 jiǔhú　　　　糊涂 hú·tu

核儿 húr　　　　　葫芦 hú·lu　　　　珊瑚 shānhú　　　蝴蝶 húdié

hǔ——虎、浒、唬、琥，（"浒"又音 xǔ，"唬"又音 xià）

老虎 lǎohǔ　　　　水浒 Shuǐhǔ　　　吓唬 xià·hu　　　琥珀 hǔpò

hù——互、户、护、沪、扈、糊

互相 hùxiāng　　　　　户口 hùkǒu　　　　　爱护 àihù

沪剧 hùjù　　　　　　扈从 hù·cong　　　　糊弄 hù·nong

辨证练习

1. 认读下列词语，比较声母 f 和声母 h 的发音差异

发愤 fāfèn　　　　繁复 fánfù　　　　反复 fǎnfù　　　　犯法 fànfǎ

福分 fú·fen　　　　芳菲 fāngfēi　　　防范 fángfàn　　　非凡 fēifán

夫妇 fūfù　　　　　肺腑 fèifǔ　　　　芬芳 fēnfāng　　　吩咐 fēnfù

奋发 fènfā　　　　丰富 fēngfù　　　　风帆 fēngfān　　　鸿鹄 hónghú

浩瀚 hàohàn　　　　荷花 héhuā　　　　火红 huǒhóng　　　挥霍 huīhuò

2. 认读下列词语，辨证声母 f 和声母 h 的字音

发挥 fāhuī　　　　风化 fēnghuà　　　放火 fànghuǒ　　　复活 fùhuó

反悔 fǎnhuǐ　　　　防洪 fánghóng　　繁华 fánhuá　　　　烽火 fēnghuǒ

附会 fùhuì　　　　腐化 fǔhuà　　　　凤凰 fènghuáng　　奉还 fènghuán

返航 fǎnháng　　　富户 fùhù　　　　　丰厚 fēnghòu

虎符 hǔfú　　　　　恢复 huīfù　　　　回访 huífǎng　　　化肥 huàféi

3. 对比认读下列词语，辨证声母 f 和声母 h 的字音

发现 fāxiàn—花线 huāxiàn　　　　　翻腾 fānténg—欢腾 huānténg

防线 fángxiàn—航线 hángxiàn　　　理发 lǐfà—理化 lǐhuà

奋进 fènjìn—混进 hùnjìn　　　　　幅度 fúdù—弧度 húdù

福利 fúlì—狐狸 hú·li　　　　　舅父 jiùfù—救护 jiùhù

复句 fùjù—沪剧 hùjù　　　　　附注 fùzhù—互助 hùzhù

4. 几种特殊的声母误读

（1）将声母 j，q，x 念成 g，k，h。

这类错误虽然在各地方言中不是普遍存在，但是仍然有。如四川方言里部分地区把"地窖"（dìjiào）念成 dìgào，"敲打"（qiāodǎ）念成 kāodǎ，"镶嵌"（xiāngqiàn）念成 xiāngkàn，"咸阳"（xiányáng）念成 hányáng，"闲时"（xiánshí）念成 hánshí 等。

① 把声母 j 误念成声母 g 的字音，如表 1.11 所示。

表 1.11　声母 j 误念成声母 g 的字音表

例　字	窖	阶	皆	结（打结）	揭	街	解（解开）
正确音	jiào	jiē	jiē	jié	jiē	jiē	jiě
误　音	gào	gāi	gāi	gê	gê	gāi	gǎi

② 把声母 j 误念成声母 q 的字音，如表 1.12 所示：

表 1.12　声母 j 误念成声母 q 的字音表

例　字	劫	捷	睫	截	臼
正确音	jié	jié	jié	jié	jiù
误　音	qié	qié	qié	qié	qiù

③ 把音节 xian 念成 han、音节 xiang 念成 hang，如表 1.13 所示：

表 1.13　音节 xian 念成 han、音节 xiang 念成 hang 的对照表

例　字	咸	闲	衔	限	陷	巷
正确音	xián	xián	xián	xiàn	xiàn	xiàng
误　音	hán	hán	hán	hàn	hàn	hàng

（2）将不送气声母 b，d，g，j，zh，z 与送气声母 p，t，k，q，ch，c 混念。

普通话里念不送气声母的部分字音，方言里有念成送气声母的字音。如四川方言把"秕谷"（bǐgǔ）念成 pǐgǔ，"夺取"（duóqǔ）念成 tuóqǔ，"抢劫"（qiǎngjié）念成 qiǎngqié，"盥洗"（guànxǐ）念成 kuànxǐ，"秩序"（zhìxù）念成 chìxù，"创造"（chuàngzào）念成 chuàngcào 等。反之，普通话里念送气声母的部分字音，方言里却念成不送气声母的字音。仍以四川方言为例，把"澎湃"（péngpài）念成 pénbài，"字帖"（zìtiè）念成 zìdié，"残酷"（cánkù）念成 cángù，"入场券"（rùchǎngquàn）念成 rùchǎngjuàn，"翅膀"（chìbǎng）念成 zhìbǎng，"簇拥"（cùyōng）念成 zúyōng 等。

二、韵母训练

韵母指音节中声母后面的部分。普通话韵母共有 39 个。韵母按其结构分为单韵母、复韵母和鼻韵母三类；按其韵母开头元音发音的口形分开口呼韵母、齐齿呼韵母、合口呼韵母和撮口呼韵母四类。

（一）韵母的构成

韵母大多数是由元音充当，少数由元音加辅音（n，ng）充当。它的内部结构一般分为韵头、韵腹和韵尾。

1. 韵 头

韵头又称介音，是韵腹前面的元音音素。发音较短，并不太响亮。值得一提的是，不是每个韵母都有韵头，充当韵的元音有 i，u，ü。

2. 韵 腹

韵腹是韵母中的主要元音，是每个字音韵母中不可缺少的成分，是念读字音时，发音最清晰、最响亮的元音音素。充当韵腹的元音有 a，o，e，ê，i，u，ü，èi（前）、èi（后）。

3. 韵 尾

韵尾是韵腹后面的音素。发音较短，而且模糊。当然，不是每个韵母都有韵尾。充当韵尾的元音有两个，即 i，u，另外还有两个辅音，即 n，ng。韵母 ao 和 iao 的韵尾"o"实际读音是 u，因避免书写时与 an，ian 混淆，而将"u"改写成"o"。

韵母结构成分分析举例：

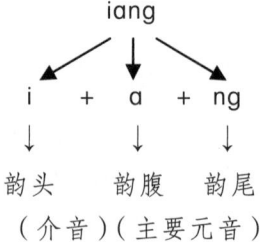

（二）韵母的分类及发音

可从两个角度对韵母进行分类，即韵母的结构和韵母开头元音发音的口形。韵母的发音应从三个方面把握，即舌位的前后、舌位的高低和唇形的圆与不圆。

1．按韵母结构分为单韵母、复韵母和鼻韵母

（1）单韵母（单元音韵母）。

单韵母是由单元音构成的韵母。普通话的单韵母共10个，即a，o，e，ê，i，u，ü，er，èi（前），èi（后）。其中舌面元音7个，卷舌元音1个，舌尖元音2个。

① 舌面元音。

舌面元音共7个，a，o，e，ê，i，u，ü，即它们发音时主要是舌面起作用，由舌位的高低、前后和嘴唇的圆与不圆来决定。具体情况如表1.14所示。

表1.14 舌面元音发音方法及发音概述

舌面元音	发音方法	发音 概述	例词
a	口腔大开，舌头前伸，前舌面下降到最低度，嘴形成自然状态	舌面、央、低、不圆唇	阿、发达、他、喇叭
o	口腔半闭，舌头后缩，后舌面伸至半高程度，嘴形拢圆	舌面、后、中、圆唇	我、薄膜、墨、婆婆
e	口腔半闭，舌头后缩，后舌面伸至半高程度，嘴角向两旁展开	舌面、后、半高、不圆唇	鹅、客车、渴、特色
ê	口腔大开，舌头前伸，前舌面下降到最低度，嘴形成自然状态	舌面、前、半低、不圆唇	欸、学业
i	口腔开度很小，舌头前伸，前舌面上升接近硬腭，气流通路狭窄但不发生摩擦，嘴角尽量向两旁展开成扁平状	舌面、前、高、不圆唇	衣、机器、皮、集体、利益
u	口腔开度很小，舌头后缩，后舌面上升接近软腭，气流通路狭窄但不发生摩擦，嘴唇撮圆成一小孔	舌面、后、高、圆唇	乌、服务、福、图书、鼓舞
ü	口腔开度很小，舌头前伸，前舌面上升接近硬腭，但气流通过时不发生摩擦，嘴唇撮圆成一小孔	舌面、前、高、圆唇	玉、区域、铝、序曲、语句

发舌面元音主要应注意：

舌位的高低与开口度的大小有一定关系，即舌位越高，开口度越小；舌位越低，开口度越大。

② 卷舌元音。

卷舌元音er的特点：

第一，不与声母相拼，自成音节，如：ér（儿）、ěr（尔），èr（二）。

第二，附在别的音节后面，构成"儿化"，如：huār（花儿）。

er的发音情况：卷舌、央、中、不圆唇元音。

③ 舌尖元音。

舌尖元音分舌尖前元音èi（前）和舌尖后元音èi（后）。

ei（前）：舌尖前元音，它只能同 z 组声母组成音节，即 zi, ci, si。它的发音情况是：舌尖、前、不圆唇元音。

ei（后）：舌尖后元音，它只能同 zh 组声母构成音节，即 zhi, chi, shi, ri。它的发音情况是：舌尖、后、不圆唇元音。

发舌尖元音主要应注意：

发舌尖元音时，口半闭，展唇。发舌尖前元音时舌尖接近齿背，发舌尖后元音时舌尖接近前硬腭隆起处。

（2）复韵母（复元音韵母）。

复韵母是由复元音构成的韵母。普通话复韵母共有 13 个，即 ai, ei, ao, ou, ia, ie, iao, iou, ua, uo, uai, uei, üe。根据韵腹发音最清晰、最响亮的特点和它所处位置，把复韵母分为前响复韵母、后响复韵母和中响复韵母三类。

① 前响复韵母：ai, ei, ao, ou

② 后响复韵母：ia, ie, ua, uo, üe

③ 中响复韵母：iao, iou, uai, uei

发复韵母的方法：

第一，发音时从前一个元音的形位向后一个元音的形位自然过渡，其间包含着一连串的过渡音。

第二，韵腹要发得清晰、响亮，韵头要发得短促、不太响亮，韵尾要发得较短，而且模糊。

（3）鼻韵母（鼻音尾韵母）。

鼻韵母是由元音带上鼻辅音韵尾构成的韵母。普通话鼻韵母共有 16 个，即 an, en, in, ün, ian, uan, üan, uen, ang, eng, ing, ong, iang, uang, ueng, iong。根据鼻韵母的韵尾辅音可将鼻韵母分为前鼻韵母和后鼻韵母。

① 前鼻韵母：an, en, in, ün, ian, uan, uen, üan

② 后鼻韵母：ang, eng, ing, ong, iang, uang, ueng, iong

注："ong"前元音"o"发"u";"iong"前元音"io"发ü。

2. 按韵母开头元音发音的口形，可以分为开口呼，齐齿呼、合口呼、撮口呼韵母

（1）开口呼韵母：不是 i, u, ü和 i, u, ü作韵头的韵母。

（2）齐齿呼韵母：i 或 i 开头的韵母（也称作"i 行"韵母）。

（3）合口呼韵母：u 或 u 开头的韵母（也称作"u 行"韵母）。

（4）撮口呼韵母：ü 或 ü 开头的韵母（也称作"ü行"韵母）。

开口呼、齐齿呼、合口呼、撮口呼，合称韵母"四呼"。如表 1.15 所示：

表 1.15　普通话韵母及其分类综合表

结构 口形	单韵母 （10个）	复韵母 （13个）	鼻韵母 （16个）
开口呼（15个）	a, o, e, ê, er -i [前]　-i [后]	ai, ei, ao, ou	an, en, ang, eng
齐齿呼（9个）	i	ia, ie, iao, iou	ian, in, iang, ing
合口呼（10个）	u	ua, uo, uai, uei	uan, uen, uang, ueng, ong
撮口呼（5个）	ü	üe	üan, ün, iong

韵母发音练习

1. 认读下列词语，注意单韵母的发音

a	喇叭 lǎ·ba	打岔 dǎchà	发芽 fāyá
o	薄膜 bómó	泼墨 pōmò	婆婆 pó·po
e	苛刻 kēkè	色泽 sèzé	隔阂 géhé
ê	欸 ê̄（表示招呼）	欸 ế（表示诧异）	
	欸 ê̌（表示不以为然）	欸 ề（表示答应或同意）	
i	集体 jítǐ	奇迹 qíjì	提议 tíyì
u	祝福 zhùfú	出租 chūzū	孤独 gūdú
ü	区域 qūyù	女婿 nǚ·xu	伛偻 yǔlǚ
er	而 ér	耳 ěr	贰 èr
-i（前）	自私 zìsī	字词 zìcí	恣肆 zīsì
-i（后）	制止 zhìzhǐ	支持 zhīchí	日食 rìshí

2. 认读下列词语，注意复韵母的发音

ai	摆开 bǎikāi	买卖 mǎimài	灾害 zāihài
ei	蓓蕾 bèilěi	配备 pèibèi	美味 měiwèi
ao	操劳 cāoláo	糟糕 zāogāo	唠叨 láo·dao
ou	丑陋 chǒulòu	抖擞 dǒusǒu	豆蔻 dòukòu
ia	假牙 jiǎyá	压价 yājià	掐下 qiāxià
ie	结业 jié yè	贴切 tiēqiè	趔趄 liè·qie
ua	娃娃 wá·wa	花袜 huāwà	挂画 guàhuà
uo	蹉跎 cuōtuó	懦弱 nuòruò	着落 zhuóluò

üe	雀跃 quèyuè	约略 yuēlüè	绝学 juéxué
iao	巧妙 qiǎomiào	逍遥 xiāoyáo	疗效 liáoxiào
iou（iu）	悠久 yōujiǔ	优秀 yōuxiù	绣球 xiùqiú
uei（ui）	尾随 wěisuí	摧毁 cuīhuǐ	追回 zhuīhuí
uai	外快 wàikài	摔坏 shuāihuài	怀揣 huáichuāi

3. 认读下列词语，注意鼻韵母的发音

an	漫谈 màntán	橄榄 gǎnlǎn	懒散 lǎnsǎn
en	人参 rénshēn	愤恨 fènhèn	沉闷 chénmèn
in	亲近 qīnjìn	殷勤 yīnqín	濒临 bīnlín
uen（un）	温顺 wēnshùn	春笋 chūnsǔn	伦敦 Lúndūn
ün	均匀 jūnyún	军训 jūnxùn	逡巡 qūnxún
ian	变迁 biànqiān	连绵 liánmián	鲜艳 xiānyàn
uan	婉转 wǎnzhuǎn	专断 zhuānduàn	贯穿 guànchuān
üan	渊源 yuānyuán	圆圈 yuánquān	源泉 yuánquán
ang	上当 shàngdàng	肮脏 āng·zāng	商场 shāngchǎng
eng	更正 gēngzhèng	生成 shēngchéng	鹏程 péngchéng
ong	公众 gōngzhòng	轰动 hōngdòng	从容 cóngróng
ing	宁静 níngjìng	庆幸 qìngxìng	晶莹 jīngyíng
iang	将相 jiàngxiàng	想象 xiǎngxiàng	粮饷 liángxiǎng
uang	狂妄 kuángwàng	状况 zhuàngkuàng	网状 wǎngzhuàng
ueng	老翁 lǎowēng	蓊郁 wěngyù	水瓮 shuǐwèng
iong	汹涌 xiōngyǒng	炯炯 jiǒngjiǒng	穷凶 qióngxiōng

（三）辨证韵母

1. 辨证前鼻韵与后鼻韵的字音

（1）前鼻韵与后鼻韵的发音要领。

前鼻韵与后鼻韵在书写上不同的是前鼻韵韵尾是辅音-n，后鼻韵韵尾是辅音-ng。辅音韵尾-n和-ng都是鼻音，两者的发音差异是：发音时，造成阻碍的部位各不相同。练习发-n音时，舌尖抵住上齿龈，气流从鼻腔发出；练习发-ng音时，舌根抵住软腭，气流从鼻腔发出。

（2）前鼻韵与后鼻韵的错读现象。

① 在方言中，除了鼻韵母an与ang分辨得比较清楚外，en与eng，in与ing等是分辨不太清楚的，绝大多数情况是后鼻音韵母ing和eng被念成前鼻音韵母in和en，例如："蜻蜓"（qīngtíng）念成qīntín；"生成"（shēngchéng）念成shénchén。ün与iong，有时把iong念成ün，例如："兄弟"（xiōngdì）念成xūndì等。

② 有少部分的后鼻音韵母ing和eng被念成in，en以外的其他韵母。例如："倾向"（qīngxiàng）念成qūnxiàng，"樱桃"（yīngtáo）念成ngēntáo。

除此之外，后鼻音韵母有误念和错念的情况：

③ eng韵母在与声母构成音节时，有误念成ong韵母的，例如："嗡嗡"（wēngwēng）念成wōngwōng；"梦幻"（mènghuàn）念成mònghuàn等等。

④ 念读ing韵母，发音不准时，有把ing念成ieng的。比如："清静"（qīngjìng）念成qiēngjièng。

在区别前鼻韵与后鼻韵发音练习过程中，一般把同韵腹与韵尾-n和-ng分别构成的鼻韵母进行对比列举区分，它们之间的对比关系是：an—ang，en–eng，in–ing，ian–iang，uan–uang，uen–ueng（ong），ün–iong，基本上是一对一的关系。其中ueng与ong，传统语音学认为ong和ueng是一个韵母，但实际的发音是有差异的：从发音动程来看，ueng的发音动程是由圆唇"u"到不圆唇的"e"，再到韵尾"-ng"，而ong直接由圆唇"o"到韵尾-ng。

2. en–eng的辨证练习

在一些方言中，发准前鼻韵en容易，而发准后鼻韵eng就不容易。辨证练习中，可以利用念读领头词的方法来发韵母eng一类的字音。这种办法是用来帮助练习者找准发eng韵母的感觉。首先发一个最常用且易发音到位的一个eng韵母的字音，然后留韵母换声母，引发多个同韵字音。例如：练习发eng时，选领头字dēng（灯），然后引发bēng（崩）、pēng（烹）、méng（盟）、fēng（风）、téng（疼）、néng（能）、lěng（冷）、gēng（更）、kēng（坑）、hēng（哼）、zhēng（争）、chēng（称）、shēng（生）、rēng（扔）、zēng（增）、céng（层）、sēng（僧）等同韵音节。

（1）分项训练，发准韵母en和eng的字音。

本身 běnshēn	称身 chènshēn	沉闷 chénmèn
愤恨 fènhèn	愤懑 fènmèn	根本 gēnběn
认真 rènzhēn	粉尘 fěnchén	妊娠 rènshēn
审慎 shěnshèn	身份 shēnfèn	门诊 ménzhěn
分针 fēnzhēn	珍本 zhēnběn	振奋 zhènfèn

（2）交叉训练，比较韵母en和eng的字音。

奔腾 bēnténg　　　　本能 běnnéng　　　　分成 fēnchéng

纷争 fēnzhēng　　　　粪坑 fènkēng　　　　本生 běnshēng
人称 rénchēng　　　　仁政 rénzhèng　　　认证 rènzhèng
神圣 shénshèng　　　深坑 shēnkēng　　　喷灯 pēndēng
深耕 shēngēng　　　　真诚 zhēnchéng　　真正 zhēnzhèng

（3）对比训练，区别韵母 en 和 eng 的字音。

陈旧 chénjiù—成就 chéngjiù　　　　分针 fēnzhēn—纷争 fēnzhēng
瓜分 guāfēn—刮风 guāfēng　　　　人参 rénshēn—人生 rénshēng
申明 shēnmíng—声明 shēngmíng　　伸张 shēnzhāng—声张 shēngzhāng
清真 qīngzhēn—清蒸 qīngzhēng　　振作 zhènzuò—正座 zhèngzuò
诊治 zhěnzhì—整治 zhěngzhì　　　终身 zhōngshēn—终生 zhōngshēng

3. in－ing 的辨证练习

同样，在一些方言中，发准前鼻韵 in 容易，而发准后鼻韵 ing 就不容易。辨证练习中，也可以利用念读领头词的方法来发韵母 ing 一类的字音。首先发领头字"听"tīng（普通话里声母 t 不与 in 相拼，发准"听"的字音就容易），然后发出 bīng（冰）、pīng（乒）、míng（明）、dīng（丁）、níng（宁）、líng（玲）、jīng（京）、qīng（清）、xìng（兴）等同韵音节。

（1）分项训练，发准韵母 in 和 ing 的字音。

濒临 bīnlín　　　　彬彬 bīnbīn　　　　金银 jīnyín
紧邻 jǐnlín　　　　近邻 jìnlín　　　　尽心 jìnxīn
临近 línjìn　　　　拼音 pīnyīn　　　　新近 xīnjìn
薪金 xīnjīn　　　　信心 xìn xīn　　　殷勤 yīnqín
辛勤 xīnqín　　　　引进 yǐnjìn　　　　音信 yīnxìn
禀性 bǐngxìng　　　定型 dìngxíng　　　经营 jīngyíng
晶莹 jīngyíng　　　精明 jīngmíng　　　惊醒 jīngxǐng
伶仃 língdīng　　　酩酊 mǐngdǐng　　　宁静 níngjìng
轻盈 qīngyíng　　　蜻蜓 qīngtíng　　　听凭 tīngpíng
行径 xíngjìng　　　英明 yīngmíng　　　荧屏 yíngpíng

（2）交叉训练，比较韵母 in 和 ing 的字音。

进行 jìnxíng　　　　金星 jīnxīng　　　尽情 jìnqíng
禁令 jìnlìng　　　　民兵 mínbīng　　　聘请 pìnqǐng
引擎 yǐnqíng　　　　秦岭 Qínlǐng　　　心灵 xīnlíng
心境 xīnjìng　　　　新颖 xīnyǐng　　　品评 pǐnpíng
阴性 yīnxìng　　　　窨井 yìnjǐng　　　银杏 yínxìng

病因 bìngyīn　　　　定亲 dìngqīn　　　　青筋 qīngjīn
清新 qīngxīn　　　　清贫 qīngpín　　　　灵敏 língmǐn
领巾 lǐngjīn　　　　平民 píngmín　　　　听信 tīngxìn
挺进 tǐngjìn　　　　倾心 qīngxīn　　　　省亲 xǐngqīn
迎亲 yíngqīn　　　　影印 yǐngyìn　　　　应聘 yìngpìn

（3）对比训练，区别韵母 in 和 ing 的字音。

临时 línshí—零食 língshí　　　　民生 mínshēng—名声 míngshēng
贫民 pínmín—平民 píngmín　　　　频繁 pínfán—平凡 píngfáng
亲近 qīnjìn—清静 qīngjìng　　　　亲信 qīnxìn—轻信 qīngxìn
金银 jīnyín—经营 jīngyíng　　　　寝室 qǐnshì—请示 qǐngshì
禁止 jìnzhǐ—静止 jìngzhǐ　　　　信服 xìnfú—幸福 xìngfú

4. ün－iong的辨证练习

在方言中，发准前鼻韵ün和后鼻韵 iong 是容易的。但是，后鼻韵 iong 误念的情况又很常见。例如："永远"（yǒngyuǎn）念成 yǔnyuǎn，"琼"（qióng）念成 qún 等。辨证练习时应记住 iong 韵母的字音。

认读下列词语，发准 iong 韵母字音。

迥然 jiǒngrán　　　　炯炯 jiǒngjiǒng　　　　窘迫 jiǒngpò
邛崃 qiónglái　　　　穷匮 qióngkuì　　　　穹庐 qiónglú
琼浆 qióngjiāng　　　凶煞 xiōngshà　　　　兄长 xiōngzhǎng
匈奴 Xiōngnú　　　　汹涌 xiōngyǒng　　　　胸襟 xiōngjīn
雄浑 xiónghún　　　　熊猫 xióngmāo　　　　雇佣 gùyōng
庸俗 yōngsú　　　　拥戴 yōngdài　　　　痈疽 yōngjū
臃肿 yōngzhǒng　　　雍正 yōngzhèng　　　甬道 yǒngdào

5. 辨证部分单、复韵母与ê的发音

（1）单韵母 e 和ê的发音要领。

单韵母 e 是不圆唇的舌面元音，发音时，口腔半闭，舌头后缩，后舌面升至半高程度，嘴角向两旁展开；单韵母ê是不圆唇的舌面元音，发音时，口腔半开，舌头前伸，前舌面升至半高程度，嘴角向两旁展开。单韵母 e 和ê的发音差异主要在于发音时舌面隆起点不同。

（2）单韵母 e 发成单韵母ê的错读现象。

方言里，当单韵母 e 作韵母时有念成ê的情况。例如："客车"（kèchē）念成 kèchē，"特别"（tèbié）念成 tèbié等。

另外，复韵母 ai 和 ei 在一些音节中也错念成单韵母ê。例如："白天"（báitiān）念成 bêtiān，"黑夜"（hēiyè）念成 hêyè等。

辨证练习

1. 认读下列词语，发准韵母 e, ai, ei 的字音

特色 tèsè	合格 hégé	割舍 gēshě	客车 kèchē
车辙 chēzhé	可贺 kěhè	特赦 tèshè	哥哥 gē·ge
晒台 shàitái	海带 hǎidài	太白 tàibái	拍卖 pāimài
该来 gāilái	钙奶 gàinǎi	太矮 tài'ǎi	皑皑 ái'ái
买菜 mǎicài	百年 bǎinián	柏树 bǎishù	摆弄 bǎinòng
妃嫔 fēipín	绯红 fēihóng	腓骨 féigǔ	匪徒 fěitú
诽谤 fěibàng	菲薄 fěibó	斐然 fěirán	给以 gěiyǐ
嘿嘿 hēihēi	累赘 léi·zhui	磊落 lěiluò	肋骨 lèigǔ

三、声调训练

（一）调值和调类

声调是音节发音时具有区别性功能的音高变化。它同声母、韵母一样，具有区别意义的作用。在汉语里，一个音节一般就是一个汉字，所以声调也叫字调。普通话声调可以从调值和调类两个方面去分析、认识（见表 1.16）。

表 1.16 普通话的调值调类综述表

调 值	调 类	调号	调值说明	例字
55 高平	阴平	-	起音高高一路平	心 xīn
35 中升	阳平	´	由中到高往上升	明 míng
214 降升	上声	ˇ	低降然后再扬起	眼 yǎn
51 全降	去声	`	高起猛降到底层	亮 liàng

1．调　值

调值指声调的实际读法，即声调的高低升降变化。普通话声调有四个基本调值，即高平调、中升调、降升调、全降调。每个调值的音高情况可以用"五度标记法"加以具体描写，如图 1.2 所示：

2．调　类

调类就是声调的分类，是根据声调的实际读法（调值）归纳出来的。把调值相同的归为一个调类，这样普通话声调可归为四类，即阴

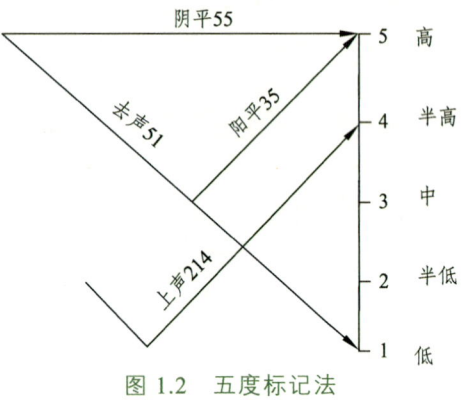

图 1.2 五度标记法

平（高平调 55）、阳平（中升调 35）、上声（降升调 214）、去声（全降调 51）。调类名称也可以用序数表示，称为第一声、第二声、第三声、第四声，简称为"四声"。

3. 调　号

调号是指表示声调的符号。普通话的调号是根据普通话语音调值的升降情况制定的。调号的形状是根据"五度标记法"缩写而成的。调号简化为：阴平"－"、阳平"ˊ"、上声"ˇ"、去声"ˋ"。

（二）误读与缺陷

普通话声调虽然只有"四声"，但由于各方言声调与普通话声调间有许多差别，并对其干扰，要念准普通话的"四声"还是有一定难度。据比较，普通话的"四声"的调值与方言声调都存在着误念的情况，综述如下：

1. 阴平调不高或不平

普通话里的阴平调值是 55，方言里有念成 44 的，调值明显偏低。或者起调是 5 度，而收调是 4 度，念成了 54，调势存在下滑的趋势。如念"天、高、中"等。

2. 阳平调上升不够，或在上升过程中拐弯

普通话的阳平调值是 35，方言有念成近似于 24 的，这是由于起点音高低于标准音高，上扬就扬不上去，并且与上声调调值相混，存在着拐弯的情况。如念"人、民、国"等。

3. 上声调降不到位或收不到位

普通话的上声调值 214，有一个降升的过程，因此较之其余"三声"音长最长，音高最低。方言里有降不到位的，这是由于发音起点高于 2 度，随后降不到 1 度，并且曲折较短促，上升又升不到 4 度，形成的调值近似于 323、213 或 212。如念"手、脚、腿"等。

4. 念去声起音高于 5 度，或降不到位

普通话去声调值是 51。在念读过程中，念到去声时往往忽然高出 5 度，或者念得非常短促，未降到底就收住字尾，调值为 53 或 52，总是降不到 1 度。如念"教、室、易"等。

（三）普通话四声的特点

普通话四声的特点：一声高平，二声扬，三声曲折，四声降。

1. 阴　平

阴平应高而平，清晰响亮。这里所说的"高"是一个相对高度，既不能过高，又不能过低，利于自己的声音表现为宜，"平"是指尾音稳住而不下降。发音时，声带一直绷得很紧，自始至终没有明显变化，保持高音。

2. 阳平

阳平要自然上扬，起音时不要用力过猛，要轻轻地由中到高。发音时，声带从不松不紧开始，逐渐绷紧，直到很紧，声音从 3 度自然升到 5 度。

3. 上声

上声曲折要到位，先降到最低然后转向上扬，注意不要产生错误音变。发音时，声带从略微紧张开始，随后松弛下来，接着又转入较紧，发出曲折调式。

4. 去声

去声要由高到低，直降到底。发音时，声带从紧开始，直到完全松弛为止。

第四节 普通话水平测试

一、什么是普通话水平测试

普通话水平测试是对应试人运用普通话的规范程度、熟练程度的口语考试。全部测试内容均以口头方式进行。普通话水平测试不是口才的评定，而是对应试人掌握和运用普通话所达到的规范程度的测查和评定，是应试人的汉语标准语测试。应试人在运用普通话口语进行表达过程中所表现的语音、词汇、语法规范程度，是评定其所达到的水平等级的重要依据，普通话水平测试属于标准参照性考试。它是由政府专门机构主持的国家级资格证书考试，是我国为加快推广普通话进程，提高全社会普通话水平而设置的一种语言测试，旨在检测、评估受测人的语音标准化水平和词汇语法的规范化程度。这项考试注重测查应试人运用普通话的语言水平，不是普通话系统知识的考试，不是文化水平的考核，也不是口才的评估。

普通话水平测试是列入国家法律的名副其实的国家级考试。普通话水平测试是测试应试人运用普通话所达到的标准规范程度和熟练程度的口头检测和评定。

现行的普通话水平测试依据是国家语言文字工作委员会颁布的《普通话水平测试大纲》。

二、等级确定

1997 年国家语委《普通话水平测试等级标准（试行）》作为部级标准正式颁布。该标准将普通话水平分为三级六等："三级"是首先将普通话水平分为一级、二级、三级，以及可以称为标准的普通话，二级可称为比较标准的普通话，三级称为一般水平的普通话；"六等"指在每一级中进一步分出甲等和乙等。一级甲等为最高，三级乙等为最低。应试人的普通话水平根据在测试中所获得的分值确定。以百分制计分。其中：

一级：甲等，97 分及其以上（简称"一甲"）

乙等，92 分及其以上但不足 97 分（简称"一乙"）

二级：甲等，87分及其以上但不足92分（简称"二甲"）

乙等，80分及其以上但不足87分（简称"二乙"）

三级：甲等，70分及其以上但不足80分（简称"三甲"）

乙等，60分及其以上但不足70分（简称"三乙"）

1. 普通话水平测试等级标准如下：

（1）一级。

甲等。朗读和自由交谈时，语音标准，语汇、语法正确无误，语调自然，表达流畅。测试总失分率在3%以内。

乙等。朗读和自由交谈时，语音标准，语汇、语法正确无误，语调自然，表达流畅。偶有字音、字调失误。测试总失分率在8%以内。

（2）二级。

甲等。朗读和自由交谈时，声韵调发音基本标准，语调自然，表达流畅。少数难点音（平翘舌音、前后鼻尾音、边鼻音等）有时出现失误。语汇、语法极少有误。测试总失分率在13%以内。

乙等。朗读和自由交谈时，个别调值不准，声韵母发音有不到位现象。难点音较多（平翘舌音、前后鼻尾音、边鼻音、fu-hu、z-zh-j、送气不送气、i-ü不分、保留浊塞音、浊塞擦音、丢介音、复韵母单音化等），失误较多。方言语调不明显，有使用方言词、方言语法的情况。测试总失分率在20%以内。

（3）三级。

甲等。朗读和自由交谈时，声韵母发音失误较多，难点音超出常见范围，声调调值多不准。方言语调明显。语汇、语法有失误。测试总失分率在30%以内。

乙等。朗读和自由交谈时，声韵调发音失误多，方音特征突出。方言语调明显。语汇、语法失误较多。外地人听其谈话有听不懂的情况。测试总失分率在40%以内。

2. 普通话水平等级证书

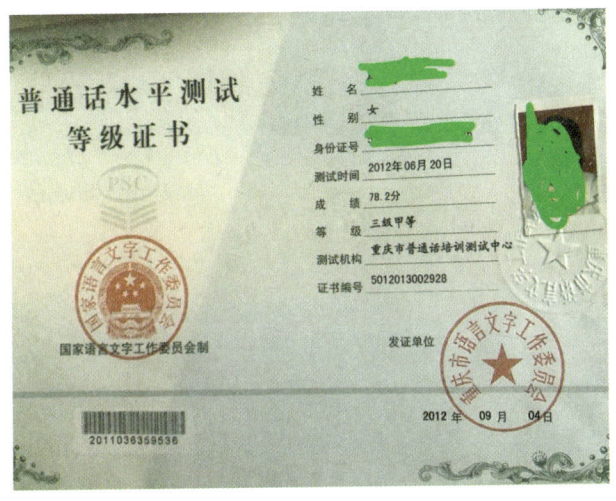

三、各行业对普通话水平达标规定

根据各行业的规定，有关从业人员的普通话水平达标要求如下：

中小学及幼儿园、校外教育单位的教师，报考教师资格证人员、师范类毕业生、公共服务行业的特定岗位人员普通话水平不低于二级，其中语文教师不低于二级甲等，其他科目教师不得低于二级乙等，高等学校的教师、国家公务员普通话水平不低于三级甲等，其中现代汉语教师不低于二级甲等，普通话语音教师不低于一级。

国家级和省级广播电台、电视台的播音员、节目主持人，普通话水平应达到一级甲等，其他广播电台、电视台的播音员、节目主持人的普通话达标要求按国家广播电影电视总局的规定执行。

话剧、电影、电视剧、广播剧等表演、配音演员，播音、主持专业和影视表演专业的教师、学生，普通话水平不低于一级。

普通话水平应达标人员的年龄上限以有关行业的文件为准。

四、普通话水平测试大纲介绍

《普通话水平测试大纲》由国家语言文字工作委员会颁布，是进行普通话水平测试的全国统一大纲。普通话水平测试试卷内容全部来自大纲。

普通话水平测试大纲
（教育部　国家语委发教语用〔2003〕2号文件）

根据教育部、国家语言文字工作委员会发布的《普通话水平测试管理规定》《普通话水平测试等级标准》，制定本大纲。

（一）测试的名称、性质、方式

本测试定名为"普通话水平测试"（PUTONGHUA SHUIPING CESHI，缩写为PSC）。

普通话水平测试测查应试人的普通话规范程度、熟练程度，认定其普通话水平等级，属于标准参照性考试。本大纲规定测试的内容、范围、题型及评分系统。

普通话水平测试以口试方式进行。

（二）测试内容和范围

普通话水平测试的内容包括普通话语音、词汇和语法。

普通话水平测试的范围是国家测试机构编制的《普通话水平测试用普通话词语表》《普通话水平测试用普通话与方言词语对照表》《普通话水平测试用普通话与方言常见语法差异对照表》《普通话水平测试用朗读作品》《普通话水平测试用话题》。

（三）试卷构成和评分

试卷包括 5 个组成部分，满分为 100 分。

1. 读单音节字词（100 个音节，不含轻声、儿化音节），限时 3.5 分钟，共 10 分

（1）目的：测查应试人声母、韵母、声调读音的标准程度。

（2）要求：

① 100 个音节中，70%选自《普通话水平测试用普通话词语表》"表一"，30%选自"表二"。

② 100 个音节中，每个声母出现次数一般不少于 3 次，每个韵母出现次数一般不少于 2 次，4 个声调出现次数大致均衡。

③ 音节的排列要避免同一测试要素连续出现。

（3）评分：

① 语音错误，每个音节扣 0.1 分。

② 语音缺陷，每个音节扣 0.05 分。

③ 超时 1 分钟以内，扣 0.5 分；超时 1 分钟以上（含 1 分钟），扣 1 分。

2. 读多音节词语（100 个音节），限时 2.5 分钟，共 20 分

（1）目的：测查应试人声母、韵母、声调和变调、轻声、儿化读音的标准程度。

（2）要求：

① 词语的 70%选自《普通话水平测试用普通话词语表》"表一"，30%选自"表二"。

② 声母、韵母、声调出现的次数与读单音节字词的要求相同。

③ 上声与上声相连的词语不少于 3 个，上声与非上声相连的词语不少于 4 个，轻声不少于 3 个，儿化不少于 4 个（应为不同的儿化韵母）。

④ 词语的排列要避免同一测试要素连续出现。

（3）评分：

① 语音错误，每个音节扣 0.2 分。

② 语音缺陷，每个音节扣 0.1 分。

③ 超时 1 分钟以内，扣 0.5 分；超时 1 分钟以上（含 1 分钟），扣 1 分。

3. 选择判断*，限时 3 分钟，共 10 分

（1）词语判断（10 组）：

① 目的：测查应试人掌握普通话词语的规范程度。

② 要求：根据《普通话水平测试用普通话与方言词语对照表》，列举 10 组普通话与方言意义相对应但说法不同的词语，由应试人判断并读出普通话的词语。

③ 评分：判断错误，每组扣 0.25 分。

（2）量词、名词搭配（10组）：

① 目的：测查应试人掌握普通话量词和名词搭配的规范程度。

② 要求：根据《普通话水平测试用普通话与方言常见语法差异对照表》，列举10个名词和若干量词，由应试人搭配并读出符合普通话规范的10组名量短语。

③ 评分：搭配错误，每组扣0.5分。

（3）语序或表达形式判断（5组）：

① 目的：测查应试人掌握普通话语法的规范程度。

② 要求：根据《普通话水平测试用普通话与方言常见语法差异对照表》，列举5组普通话和方言意义相对应，但语序或表达习惯不同的短语或短句，由应试人判断并读出符合普通话语法规范的表达形式。

③ 评分：判断错误，每组扣0.5分。

选择判断合计超时1分钟以内，扣0.5分；超时1分钟以上（含1分钟），扣1分。答题时语音错误，每个错误音节扣0.1分；如判断错误已经扣分，不重复扣分。

4. 朗读短文（1篇，400个音节），限时4分钟，共30分

（1）目的：测查应试人使用普通话朗读书面作品的水平。在测查声母、韵母、声调读音标准程度的同时，重点测查连读音变、停连、语调以及流畅程度。

（2）要求：

① 短文从《普通话水平测试用朗读作品》中选取。

② 评分以朗读作品的前400个音节（不含标点符号和括注的音节）为限。

③ 评分：

a. 每错1个音节，扣0.1分；漏读或增读1个音节，扣0.1分。

b. 声母或韵母的系统性语音缺陷，视程度扣0.5分、1分。

c. 语调偏误，视程度扣0.5分、1分、2分。

d. 停连不当，视程度扣0.5分、1分、2分。

e. 朗读不流畅（包括回读），视程度扣0.5分、1分、2分。

f. 超时扣1分。

5. 命题说话，限时3分钟，共30分

（1）目的：测查应试人在无文字凭借的情况下说普通话的水平，重点测查语音标准程度、词汇语法规范程度和自然流畅程度。

（2）要求：

① 说话话题从《普通话水平测试用话题》中选取，由应试人从给定的两个话题中选定1个话题，连续说一段话。

② 应试人单向说话。如发现应试人有明显背稿、离题、说话难以继续等表现时，主试人应及时提示或引导。

（3）评分：

① 语音标准程度，共 20 分。分六档：

一档：语音标准，或极少有失误。扣 0 分、0.5 分、1 分。

二档：语音错误在 10 次以下，有方音但不明显。扣 1.5 分、2 分。

三档：语音错误在 10 次以下，但方音比较明显；或语音错误在 10 次～15 次之间，有方音但不明显。扣 3 分、4 分。

四档：语音错误在 10 次～15 次之间，方音比较明显。扣 5 分、6 分。

五档：语音错误超过 15 次，方音明显。扣 7 分、8 分、9 分。

六档：语音错误多，方音重。扣 10 分、11 分、12 分。

② 词汇语法规范程度，共 5 分。分三档：

一档：词汇、语法规范。扣 0 分。

二档：词汇、语法偶有不规范的情况。扣 0.5 分、1 分。

三档：词汇、语法屡有不规范的情况。扣 2 分、3 分。

③ 自然流畅程度，共 5 分。分三档：

一档：语言自然流畅。扣 0 分。

二档：语言基本流畅，口语化较差，有背稿子的表现。扣 0.5 分、1 分。

三档：语言不连贯，语调生硬。扣 2 分、3 分。

说话不足 3 分钟，酌情扣分：缺时 1 分钟以内（含 1 分钟），扣 1 分、2 分、3 分；缺时 1 分钟以上，扣 4 分、5 分、6 分；说话不满 30 秒（含 30 秒），本测试项成绩计为 0 分。

6. 应试人普通话水平等级的确定

国家语言文字工作部门发布的《普通话水平测试等级标准》是确定应试人普通话水平等级的依据。测试机构根据应试人的测试成绩确定其普通话水平等级，由省、自治区、直辖市以上语言文字工作部门颁发相应的普通话水平测试等级证书。

普通话水平划分为三个级别，每个级别内划分两个等次。其中：

97 分及其以上，为一级甲等；

92 分及其以上但不足 97 分，为一级乙等；

87 分及其以上但不足 92 分，为二级甲等；

80 分及其以上但不足 87 分，为二级乙等；

70 分及其以上但不足 80 分，为三级甲等；

60 分及其以上但不足 70 分，为三级乙等。

*各省、自治区、直辖市语言文字工作部门可以根据测试对象或本地区的实际情况，决定是否免测"选择判断"测试项。如免测此项，"命题说话"测试项的分值由 30 分调整为 40 分。评分档次不变，具体分值调整如下：

（1）语音标准程度的分值，由20分调整为25分。

一档：扣0分、1分、2分。

二档：扣3分、4分。

三档：扣5分、6分。

四档：扣7分、8分。

五档：扣9分、10分、11分。

六档：扣12分、13分、14分。

（2）词汇语法规范程度的分值，由5分调整为10分。

一档：扣0分。

二档：扣1分、2分。

三档：扣3分、4分。

自然流畅程度，仍为5分，各档分值不变。

五、应测技巧

普通话试卷共包括五个部分，即读单音节词、读双音节词、判断、朗读、说话。每个部分的考查目的、考查要求的评分办法都是不同的，因此答题的技巧也有所不同。

（一）备测技巧

抽签定题，备测十分钟。备测时，应采用倒序法，按"四三二一"题的顺序准备。首先根据题签确定话题，然后围绕话题默说一遍，接着轻声朗读相应的作品，第二题的准备主要是分清音变词、儿化词和轻声词，轻声试读。第一题的准备，注意字音，轻声试读一遍。

按规定答题时，首先要向主考老师报告自己的情况：我是××号，我叫×××。试前要多读几遍，发准每个字音。这是开头语，如果说错了，就会影响自己的情绪。

（二）答题技巧

1. 读单音节字词100个（排除轻声、儿化音节）

（1）注意事项。

① 控制时间。限时3.5分钟。注意认读的速度。

② 注意音准。单音词不受其他音节影响，不会有音变现象，因此认读时声、韵、调必须准确到位。

③ 多音字词，可以任读一个音，不必全读出来。

（2）应试技巧。

① 认读单音节字词，速度不宜过快，否则会出现语音缺陷，当然也不能语速过慢，

会超时扣分。应做到语速适中，并且做到咬准声母，发清韵母，读完声调，特别是上声调值要读完整，去声要降下去。

② 应试中，如果自己发觉某一个字第一次读音有口误，可以改读，即读第二遍。测试员是按第二次读音评判。

③ 认读多音字词时，读自己拿得准的读音。

2. 读多音节词语（100个音节，其中含双音节词语45个、三音节词语2个、4音节词语1个）

（1）注意事项。

① 语速不要过快。过快的语速容易造成语音缺陷。

② 音变要准确。要记住音变规则，不能似是而非，心里无定数。

③ 读三音节、四音节词要连贯，中间不能有停顿。

④ 注意时间控制。全题限时2.5分钟，要读多音词48个左右，平均每个词为3秒钟左右。

（2）应试技巧。

① 读双音节词，要注意音变，尤其是两个上声连读，前一上声变阳平。一个词末尾是上声的，必须把它的调值读完整。如"勇敢""广场"等。

② 轻声要读出来，前字重长，后字轻短。如"窗户""石头""桌子"等。

③ 儿化要读清楚，特别是鼻化韵要读好。如"小孩儿""好玩儿"等。

④ 读三音节词，既要注意它的语流音变，还要把握好它的轻重音格式。如"早中晚""好领导""出站口""孩子们"等。这些三音节的词语读法是有差异的。

⑤ 应试中，如果自己发觉某一个词第一次读音有口误，可以改读，即读第二遍，测试员是按第二次读音评判。

3. 朗　读

（1）注意事项。

① 注意时间控制。全题限时4分钟，语速适中。

② 注意停顿。停顿分语法停顿和逻辑停顿，语法停顿就是句间停顿，逻辑停顿就是句意停顿。

③ 注意考测的目的，重点考查语音、停连、音变（上声、"一""不"），语调（语气）等项目。

④ 不要重读。朗读中发现错读和漏读时，不能倒回去重读。

（2）应试技巧。

① 要根据朗读内容和意思来确定好语言基调。

② 一般开头语调不要定得过高或过低，适中为好。

③ 朗读时，逻辑停顿既有停顿，又要连贯。如"会不会是/他已经表达了∨/而我却未能察觉？"语法停顿要准确，顿号是间而不断，逗号、分号是停顿较短，句号、

问号、叹号是停顿较长，段与段之间的停顿就更长一点。例如："大雪整整下了一夜。今天早晨，天放晴了。太阳出来了，推开门一看，嚯！好大的雪啊！山川、河流、树木、房屋，全都罩上了一层厚厚的雪，万里江山，变成了粉妆玉砌的世界。"

4. 说　话

（1）注意事项。

说话是四项测试内容中难度最大的一项。对于母语是方言的应试人来说，说话时既要表达流畅，又要语音标准，的确不易。建议注意下列几点：

① 避免方音，力求规范。出现方音和方言词语是说话中最容易犯的错误，测试者要力图克服方音，避免出现方言词语。

② 注意语言口语化。

③ 不要背稿子。

④ 注意说话节奏。平常说话，大多数人语速较快。如果测试中语速过快，则语音漏洞较多。

（2）应试技巧。

① 统观话题，把握类型。30道说话题目都与日常生活有关，不外乎叙事、记人、议论、说明等体式。在练习中将话题分为几大类，内容相当的可以互相通用，这样有目的地多准备几篇说话稿，将会起到事半功倍的效果。

② 精选题材，善用短句。选材时，应选取自己非常熟悉且不会引起情感起伏太大的题材。因为此题重点是测查普通话语音面貌，如果说话时忽悲忽喜，情感大起大落，往往会因情绪激动而影响表达的流畅和语音的标准度。另外，说话时要尽量避免使用长句，因为在口语中，无论说话人还是听话人都不容易非常准确地发出或接收长句信息，句子太长，容易听头不知尾或听尾忘了头。

③ 点明说话中心，简单说话层次。说话要围绕中心，中心就是话题。一般是开口点题，结尾应题。说话的层次分为三层：一层点题，制造悬念，为下面说话作铺垫。二层举例子，有趣但不能取宠，容易使自己失态。三层结尾，总结全文，照应话题。如果是议论文体，一层提出观点，二层例证，三层点题，或提出希望。

④ 注意篇幅，算准时间。说话题要求讲足3分钟，测试者可以据此来确定话稿的篇幅；一般讲话速度为每分钟170～230字，因此话稿为五六百字比较合适。对于口语水平较高的人来说，建议只写提纲，测试时围绕提纲叙说；而口语水平较差者，则提倡将话稿按规范的普通话口语表达习惯写好成文，然后反复练说。

注：因为许多地区免测"选择判断"测试题，在此不作答题技巧指导。

六、测试时的注意事项

下面指出在普通话考试过程中容易出现的问题和注意事项：

（一）准备时间

普通话水平机考与人工测试一样，会安排 10 分钟左右的时间让考生在准备室做测前准备。

（二）音量稍大

（1）测试时应该采用中等音量（即两三个人之间正常交谈的音量）。

（2）从试音到整个考试过程音量应保持基本一致。常见的问题是说话项声音太小，像说悄悄话，请注意克服。当然，也不要太大声。

（三）语速适中

考试时应保持适当的语速，一个字一个字念清楚。常见的问题是读得太快，字与字都粘在一起，每一个字都不清晰，都有缺陷。按评分规则，缺陷都得扣分，结果，得分自然不会高。当然，也不要读得太慢，太拖沓。要做到吐字清晰完整，速度稳稳当当，从容不迫。

（四）避免漏读

测试时，前三项如果有"漏读"现象是要按字扣分的，所以要注意避免漏读，即使有不认识的字，也应揣摩着读一下。要注意的是，看着电脑屏幕考试同看着书面材料考试的感觉会有些不同，换行时有可能发生漏行的现象。建议读字、词两项时换行可稍放慢速度，看清后再读，不要漏行（最容易漏行的读单字项，行与行单字的颜色已设置成蓝黑相间，以便把握）；朗读时则要注意语义连贯，也不要漏行。

（五）最好不重复读

第一项和第二项如果有个别字词因读错后重复读一遍的话，计算机系统会自动进行识别，不会因为一个字的重读而影响整体评分。当然，考试时沉着冷静，不出现错读、重读现象最好，因为像第三项朗读短文，如果出现上述现象，系统还是会按照普通话水平测试大纲的评分要求扣分的。

（六）第四题"命题说话"的要求

命题说话的 30 个话题都应做充分准备，测试时应按照要求讲述。如测试时有背稿、离题、简单重复、缺时等现象都会按评分标准被扣分。比如，说话不足 3 分钟就要被扣分，每缺 30 秒以上，加扣 3 分；说话时间少于或等于 30 秒，本测试项成绩计为 0 分。又比如，应试人不按测试目的、要求说话的（如反复纠错、简单重复、背稿、离题等），酌情从 5 分（5 分为一档）起扣。

（七）要有对象感

有人担心对着计算机测试，会因为没有具体的交流对象而找不到感觉，尤其是说话项。这确实是普通话水平机考的缺陷。对此，我们应调整心态和测试状态，想象着自己是面对着朋友、同伴在说话。有了心理准备和这种虚拟情景设置，感觉就会好多了。

（八）准确时间把握

（1）每道题目的下方都有时间滚动条，不用特别注意，你就能清晰地了解每题的用时。

（2）一般来说，前三题的时间很充裕，每项读完通常都会有多余时间。这时，你不要干等着，你可以点击右下方的"下一题"按钮，系统便会进入下一题测试。只有"说话"这一项，一定要说满三分钟。

（九）不受环境影响

（1）普通话水平机考安排在面积较大的语音室或实验室进行，各个机位保持2米左右的距离，考试时，难免能听到别人的声音。这时，请你调整状态，专注于自己的考试，这样就不会受别人干扰。千万不要去听别人的朗读，那样会影响你的情绪。再说，每台计算机的试卷是不一样的，没必要听别人的。

（2）测试选用的话筒能屏蔽别处的声音，因此，别人的声音不会录进你的计算机，也就不会影响你的成绩。

（十）熟悉系统的操作

（1）考试报到室张贴有"应试指南"，请注意阅读。

（2）计算机已设定程序，操作十分简便，测试时只要按提示操作即可。

（3）不要随意按动其他按钮，也不要拉扯各种连接线，以防出现影响录音的情况。

（十一）沉着处理意外情况

测试前应解决所有操作上的疑问，测试时一定要沉着冷静，不要说同测试内容无关的话。测试时如遇问题，应举手示意，工作人员会及时前来处理。

（十二）出示《准考证》

测试时，录入准考证号并核对个人信息后，请将《准考证》置于靠走道的考试桌桌上角，考务人员将在测试过程中检查《准考证》。

七、普通话水平测试模拟试题

国家普通话水平测试模拟试题（一）

一、读单音节字词（100个音节，共10分，限时3.5分钟）

老　腮　洽　恩　曹　刷　恒　踪　夏　拨　闽　建　娶　捉
肥　苦　扬　外　子　糠　嫌　略　耳　颇　陈　袜　体　爱
戳　蒋　贼　迅　鳖　日　举　叨　述　习　窦　枝　裙　睬
宾　瑟　仍　苑　推　皱　感　咂　手　汪　寡　浓　羽　雄
劝　丰　幻　滕　盏　怀　广　烦　若　掌　鹿　曰　磁　积
篾　隋　关　嘱　耐　麻　诵　惹　挥　蓄　领　瓢　久　兰
靠　团　窨　谜　滚　方　盆　妙　屯　丢　偿　宴　嘴　栓
宝　捏

二、读多音节词语（100个音节，共20分，限时2.5分钟）

电压　火候　争论　拥有　难怪　被窝儿　维持　跨度　谬误　贫穷
资格　媒人　规律　钢铁　情况　客气　军阀　名称　教师　缺少
从而　好歹　乡村　佛寺　新娘　上层　跳高儿　东欧　撒开　选拔
妇女　小瓮儿　云端　头脑　决定性　温柔　诊所　疲倦　水灾
蒜瓣儿　昂然　状态　合作社　处理　临终　专家　凉快　潜移默化

三、朗读短文（400个音节，共30分，限时4分钟）

作品16号

很久以前，在一个漆黑的秋天的夜晚，我泛舟在西伯利亚一条阴森森的河上。船到一个转弯处，只见前面黑黢黢的山峰下面一星火光蓦地一闪。

火光又明又亮，好像就在眼前……"好啦，谢天谢地！"我高兴地说，"马上就到过夜的地方啦！"

船夫扭头朝身后的火光望了一眼，又不以为然地划起桨来。

"远着呢！"

我不相信他的话，因为火光冲破朦胧的夜色，明明在那儿闪烁。不过船夫是对的，事实上，火光的确还远着呢。

这些黑夜的火光的特点是：驱散黑暗，闪闪发亮，近在眼前，令人神往。乍一看，再划几下就到了……其实却还远着呢！……

我们在漆黑如墨的河上又划了很久。一个个峡谷和悬崖，迎面驶来，又向后移去，仿佛消失在茫茫的远方，而火光却依然停在前头，闪闪发亮，令人神往——依然是这么近，又依然是那么远……

现在，无论是这条被悬崖峭壁的阴影笼罩的漆黑的河流，还是那一星明亮的火光，都经常浮现在我的脑际,在这以前和在这以后,曾有许多火光,似乎近在咫尺,不止使我一人心驰神往。可是生活之河却仍然在那阴森森的两岸之间流着,而火光也依旧非常遥远。因此,必须加劲划桨……

然而,火光啊……毕竟……毕竟就//在前头!……

命题说话(请在下列话题中任选一个,共40分,限时3分钟)

1. 我喜爱的职业
2. 我的家乡(或熟悉的地方)

国家普通话水平测试模拟试题(二)

一、读单音节字词(100个音节,共10分,限时3.5分钟)

哲 洽 许 滕 缓 昂 翻 容 选 闻 悦 围 波 信
铭 欧 测 敷 闰 巢 字 披 翁 辆 申 按 捐 旗
黑 咬 瞥 贺 失 广 晒 兵 卦 拔 君 仍 胸 撞
非 眸 葬 昭 览 脱 嫩 所 德 柳 砚 甩 豹 壤
凑 坑 绞 崔 我 初 蕨 匀 铝 枪 柴 搭 穷 董
池 款 杂 此 艘 粉 阔 您 镁 帘 械 搞 堤 捡
魂 躺 瘌 蛀 游 蠢 固 浓 钾 酸 莫 捧 队 耍
踹 儿

二、读多音节词语(100个音节,共20分,限时2.5分钟)

国王 今日 虐待 花瓶儿 难怪 产品 掉头 遭受 露馅儿
人群 压力 材料 窘迫 亏损 一辈子 翱翔 永远 佛典
沙尘 酒盅儿 存在 请求 累赘 发愣 外面 似乎 怎么
赔偿 勘察 妨碍 辨别 调整 少女 做活儿 完全 疯狂
霓虹灯 从而 入学 夸奖 回去 篡夺 秧歌 夏季 钢铁
通讯 敏感 不速之客

三、朗读短文(400个音节,共30分,限时4分钟)

作品29号

在浩瀚无垠的沙漠里,有一片美丽的绿洲,绿洲里藏着一颗闪光的珍珠。这颗珍珠就是敦煌莫高窟。它坐落在我国甘肃省敦煌市三危山和鸣沙山的怀抱中。

鸣沙山东麓是平均高度为十七米的崖壁。在一千六百多米长的崖壁上,凿有大小洞窟七百余个,形成了规模宏伟的石窟群。其中四百九十二个洞窟中,共有彩色塑像两千一百余尊,各种壁画共四万五千多平方米。莫高窟是我国古代无数艺术匠师留给人类的珍贵文化遗产。

莫高窟的彩塑,每一尊都是一件精美的艺术品。最大的有九层楼那么高,最小的还不如一个手掌大。这些彩塑个性鲜明,神态各异。有慈眉善目的菩萨,有威风凛凛的天王,还有强壮勇猛的力士……

莫高窟壁画的内容丰富多彩,有的是描绘古代劳动人民打猎、捕鱼、耕田、收割的情景,有的是描绘人们奏乐、舞蹈、演杂技的场面,还有的是描绘大自然的美丽风光。其中最引人注目的是飞天。壁画上的飞天,有的臂挎花篮,采摘鲜花;有的反弹琵琶,轻拨银弦;有的倒悬身子,自天而降;有的彩带飘拂,漫天遨游;有的舒展着双臂,翩翩起舞。看着这些精美动人的壁画,就像走进了//灿烂辉煌的艺术殿堂。

莫高窟里还有一个面积不大的洞窟——藏经洞。洞里曾藏有我国古代的各种经卷、文书、帛画、刺绣、铜像等六万多件。由于清朝政府腐败无能,大量珍贵的文物被外国强盗掠走。仅存的部分经卷,现在陈列于北京故宫等处。

莫高窟是举世闻名的艺术宝库。这里的每一尊彩塑、每一幅壁画、每一件文物,都是中国古代人民智慧的结晶。

四、命题说话(请在下列话题中任选一个,共40分,限时3分钟)

1. 我喜爱的书刊
2. 购物(消费)的感受

国家普通话水平测试模拟试题(三)

一、读单音节字词(100个音节,共10分,限时3.5分钟)

亏	阅	典	准	馨	寡	裙	黑	藤	佩	陵	字	层	日
忙	软	抠	腐	囚	她	醒	凑	除	钵	防	摸	扭	毛
俊	投	象	拖	洒	膘	告	沦	袋	丙	锐	耍	环	筛
捧	碎	癖	腔	选	农	居	砸	吃	甲	四	迎	费	淤
我	歌	拣	淮	某	棕	违	爽	瞥	旺	僧	磷	炯	摔
道	杯	决	帐	鼓	债	粗	但	女	延	问	离	钓	犬
闹	苗	诊	猎	染	澈	肯	塘	沾	癌	洽	庵	笨	胸
准	妙												

二、读多音节词语(100个音节,共20分,限时2.5分钟)

快乐　丢人　小瓮儿　含量　村庄　开花　灯泡儿　红娘　特色
荒谬　而且　定额　观赏　部分　侵略　捐税　收缩　鬼脸
趋势　内容　拐弯儿　若干　爆发　原材料　创办　抓紧　盛怒
运用　美景　必需品　面子　压迫　佛学　一直　启程　棒槌
山峰　罪孽　刺激　无穷　打听　通讯　木偶　昆虫　天下
做活儿　跨度　就算　构造

三、朗读短文(400个音节,共30分,限时4分钟)

作品4号

在达瑞八岁的时候,有一天他想去看电影。因为没有钱,他想是向爸妈要钱,还是自己挣钱。最后他选择了后者。他自己调制了一种汽水，向过路的行人出售。可那时正是寒冷的冬天，没有人买，只有两个人例外——他的爸爸和妈妈。

他偶然有一个和非常成功的商人谈话的机会。当他对商人讲述了自己的"破产史"后，商人给了他两个重要的建议：一是尝试为别人解决一个难题；二是把精力集中在你知道的、你会的和你拥有的东西上。这两个建议很关键。因为对于一个八岁的孩子而言，他不会做的事情很多。于是他穿过大街小巷，不停地思考：人们会有什么难题，他又如何利用这个机会？

一天，吃早饭时父亲让达瑞去取报纸。美国的送报员总是把报纸从花园篱笆的一个特制的管子里塞进来。假如你想穿着睡衣舒舒服服地吃早饭和看报纸，就必须离开温暖的房间，冒着寒风，到花园去取。虽然路短，但十分麻烦。

当达瑞为父亲取报纸的时候，一个主意诞生了。当天他就按响邻居的门铃，对他们说，每个月只需付给他一美元，他就每天早上把报纸塞到他们的房门底下。大多数人都同意了，很快他有//了七十多个顾客。一个月后，当他拿到自己赚的钱时，觉得自己简直是飞上了天，很快他又有了新的机会，他让他的顾客每天把垃圾袋放在门前，然后由他早上运到垃圾桶里，每一个月加一美元。之后他想出了许多孩子赚钱的办法，并把它集结成书，书名为《儿童挣钱的二百五十个主意》。为此，达瑞十二岁时就成了畅销书作家，十五岁有了自己的谈话节目，十七岁就拥有了几百万美元。

四、命题说话（请在下列话题中任选一个，共40分，限时3分钟）

1. 谈谈社会公德（或职业道德）
2. 我喜欢的明星（或其他知名人士）

第二章

服务规范用语

  服务规范就是服务的主体（服务性企业或单位）对服务的客体（服务对象）所提供服务质量的内在标准和外在表现形式，是根据服务对象的基本要求制定的，是服务质量的出发点和归宿点。公共交通的服务规范是在市场调查的基础上，将乘客的各种需求进行整理和归纳，以成文的形式确定下来，将服务质量具体化、标准化、程序化，便于操作。

  服务与语言的关系非常密切，没有语言的服务被称为不完整的服务，因此，服务人员对语言知识了解程度的深浅和语言艺术水平的高低将直接影响服务的成效。俗话说："一句话使人笑，一句话使人跳。"这句话形象地概括了使用文明用语的作用和要求。所有行业的服务人员都要善于运用这一有用的交际工具。

第一节　称谓规范语

  中国古代把称谓看得十分郑重，对各种不同身份的人的称谓有各种严格而烦琐的规定，社会成员必须了解并遵守，一旦违反，不仅是失礼、丢面子的事，还可能落下

"不敬"的罪名。随着时代的发展，虽然一些规定已被逐步淘汰，但与时俱进的社会人际交往规范应是必须尊重、遵守和运用的。

一、尊　称

称呼是代表人身的符号，在称呼上对人表示尊敬，也就是对人身的尊敬。

尊称通常有以下几种情况：

（1）对德高望重者，可冠以"先生""前辈""老师"等称呼。

（2）称呼对方时附加"贤""尊""高"等，是对他人的尊重。

（3）当对方有行政职位时，下属应该以其职位相称。如"局长""处长""主任"等。

二、谦　称

对己谦称即自谦的表现，同时也是对他人的尊敬。谦称一般有以下几种：

（1）直接用含有贬义色彩的词称呼自己，如"鄙人""愚""不才"等。

（2）辈分低可自谦，如"小弟""小侄"等。

（3）用低下的地位自称，寓自谦之意，如"晚辈""学生"等。

（4）直呼自己的名字，不带姓氏。

三、"同志"的用法

在我国，"同志"这一称呼广泛地运用于不同年龄、不同性别、不同职业、不同职务者之间。"同志"即志同道合之意。大家拥有共同的理想，平等互爱。长期以来人们以"同志"相称，既严肃又不失礼貌。但是，在乘务工作的具体情境中，"同志"的使用也应注意分寸。例如，对于一般的乘客用此称呼是合适的。对工人身份的中老年乘客可称"师傅"，对年长乘客可亲切地称之为"大妈""大伯""大爷""叔叔""阿姨"等。某些特殊职业的乘客可按职业称谓称呼，如老师、大夫、律师，有专业职称的也可用作称呼，如教授、工程师等。对于德高望重的学者一般称其为"×（姓）老"。同事之间由于接触频繁，彼此熟悉，称呼一般简单随便。若对方相对年长，可在其姓氏前加一个"老"字，如"老李""老赵"，年轻者可称为"小李""小赵"。在这些具体情境中，如不分对象，一味称"同志"，会显得不够亲切。

对于外宾，特别是非社会主义国家的来访者，尤其不能以"同志"相称，而应按照他们的礼节习惯来称谓，如先生、女士、夫人、小姐等。

四、称谓禁忌

恰当地使用称谓可以体现出服务人员的职业文明礼貌；服务人员不会正确地运用职业规范称谓，往往被视为是缺乏职业素养的表现。有些称谓在特定的场合使用可能是亲切的、自然的，而在公共交通服务岗位上使用则被认为是无礼的或令人不快的。所以应当有所禁忌。

（一）小　名

小名又叫乳名、奶名。《中国风俗史》有言："幼小之名谓之小名。长则更名，而以小名为讳。"由此可见，称他人小名，仅限于长辈或同辈，而且应限于家庭范围。同事之间忌以小名相互称呼。

（二）绰　号

绰号又叫外号，是人本名以外，别人根据他的特征给其另起的名字，大都含有亲昵、憎恶或开玩笑的意味。绰号的种类繁多，同事之间互给他人起绰号并公开或私下称呼是失礼的行为。同事之间更是不可以绰号相称。

（三）雅　号

古代的文人雅士多有雅号。雅，即清高之意。现今雅号已不多见，仅限于少数学者，在赠书赠画或藏书中以私人图章的方式出现。在公共场合则不宜提及。所以，在为乘客服务时自报雅号不仅有自命清高之嫌，而且显得不伦不类。

（四）昵　称

昵称，即亲热的称呼。一般是长辈对晚辈，朋友、恋人、夫妻之间的称呼。称呼不一而足。大多是采取姓名的后两个字，或另有约定。在正式场合不宜用昵称。

（五）排　行

排行，即一个家庭或家族中兄弟姐妹按长幼排列的顺序号。过去的家庭子女甚多，为了方便，父母常以排行称呼孩子。上学后，大多以学名（即大号）代替之。但这类称呼在家庭亲友以外场合不宜使用。同事之间相互以排行称谓是极不严肃的。

（六）蔑称、贬称

乘务语言规范的主旨是向乘客表示友好的尊敬，蔑称与贬称内涵恰恰相反，是蔑视和轻视听话人的一种称谓。有些人由于无知，或出于好奇而任意使用蔑称或贬称，虽然不在人前，但也易产生恶劣影响，在乘务服务工作中应杜绝使用蔑称和贬称。

五、东西方姓名差异

外国人姓名与我国姓名有很大差异。姓名中,字词的含意、姓名的组成、排列顺序都有不同。在同外国人交往时,必须注意,如果出现差错,就会闹笑话或引起误会,甚至引起对方的不满和反感。

由于各国、各民族文字不同,各国人的姓名也不同,因此,城市公共交通服务人员了解、掌握东西方姓名差异相关知识是有必要的。

（一）姓前名后

我国姓名一般采用姓前名后的构成方式,亚洲国家,如日本、朝鲜、柬埔寨、越南等国也是采用这种姓名构成方式。日本人的姓一般由一个到五个汉字组成,但以两个汉字的居多,约占80%。据统计,日本人姓氏有12万之多,常见的有40多个,其中最多的姓有铃木、佐藤、田中、山本、渡边、高桥、小村、中村、伊藤、斋膝等。日本人名字也以两个汉字居多,男人常用"郎"字,标示兄弟排行和幼辈身份,如太郎、次郎（二郎）、三郎等。太郎的长子称小太郎、又太郎、新太郎,长孙称孙太郎,曾孙称彦太郎。也有根据有一定意义的数字面取名的,如山本五十六。男人名字常用象征勇敢、吉庆、长寿的字。女人名字多取子、江、枝等秀气优雅的字眼。日本人书写姓名时常把姓与名分开写,姓在前,名在后,如田中角荣、二阶堂进等,日常称呼只称其姓,在姓后再加上"君",表示尊敬,正式场合和社交中则用全名。

（二）先名后姓

这一类姓名构成顺序遍及世界大部分地区,欧洲、美洲、中东和亚洲的印度、泰国、菲律宾、老挝等均属此类。英美人姓排列于最后,名往往不止一个,而是两个或更多。如爱德华·亚当斯·戴维斯,爱德华是教名,亚当斯是本名,戴维斯是姓。妇女结婚前都有自己的姓和名,结婚后则用自己的名加丈夫的姓。书写时通常把名字缩写成一个字母,姓则不缩写,英国人习惯全缩写名字,美国人只缩写中间的名字。法国人姓名一般由二节、三节组成,多的可能有五节。这么多节都是教名或长辈起的名,最后一节是姓,名字中还常有Le,La等冠词和de等介词。西班牙人名字一般有三节到四节,第一、第二节为本人名字,倒数第二节为父姓,最后为母姓,简称时用第一节加父姓。葡萄牙人姓名与西班牙人相似,只是倒数第二节是母姓,最后是父姓,简称时称个人名和父姓。俄罗斯人、阿拉伯人姓名顺序一般第一节为自己名,接着是父名,有时还加祖父名,最后是姓。

西方等国人的口头称呼一般称姓，朋友之间称名字，家庭成员之间还有爱称。正式场合应用全称（如办理手续），一般情况下的口头称呼在不得已时用简称、姓加先生（或小姐、夫人、女士等），只呼其名是失礼的。如果你没听清对方名字，不妨直接请教，没有把握要详细请教拼读，叫错人名或写错人名是很失礼的。

（三）有名无姓

这类姓名在世界上为数很少，以缅甸和印度尼西亚的爪哇族为主。缅甸人有名无姓，但常在名前冠以表示性别、长幼、社会地位等的字、词。爪哇族的名字有的有三节之多，但前一节或前二节是最后名字的说明。如苏山多·宾·阿卜杜，其意是苏山多是阿卜杜的儿子。

称呼男性外宾一般可用先生或名字加先生，称呼女子可用夫人（已婚）、小姐（未婚或不知婚否者）、女士。知道名字者最好冠以名字，这样能给客人以亲切感。

对地位高的政府官员可称阁下（一般为国家部长级以上官员），一般用官职加阁下即可，但美国、德国、墨西哥等国习惯一律称先生；君主制国家，对国王皇后称陛下，亲王、王子、公主称殿下；对有爵位的人可称爵位，亦可称阁下或先生。

一些专业职称可作为从事这种职业的人的称呼，如医生、教授、法官、律师等。学衔也可作称呼，如博士。军职人员一般称军衔。

教会中的神职人员，一般可称教会的职称、名字加职称、职称加先生，如神父、伽马神父、神父先生。对主教以上的神职人员也可称阁下。对教徒一般直接称先生。

有些国家对职务或身份高的妇女也有称先生的，如日本等国就有这种习惯。

六、记住他人的名字

服务人员除与乘客交往外，还会与同事、上下级交往。在这些交往中如果连名字都记不住，那么所谓"尊称"等也就成了虚妄空洞。人们在日常生活中，都有这样一种共同的体验，能够在邂逅的场合立刻叫出你的名字的人，你会随即对他产生好感。可见，记住别人的名字是件不可忽略的大事。

然而，正是在这个问题上，粗心的人几乎每时每刻都在犯着两个重大错误：一是忘记了对方的姓名。往往有这样的情形，尽管双方过去见过面，甚至还不止见过一次面，但是分别一段时间后，再次相见时只觉得面熟，却忘记了对方的姓名。到头来，人家还得重新自报家门，或你不好意思地请教对方的姓名，弄得两个人都很尴尬。第二个错误是张冠李戴，即把对方的工作单位、姓名、职务等弄错。张冠李戴，不仅失礼，令人尴尬，有时还会影响交往效果。以上两个错误应该避免。

第二节　礼貌服务用语

礼貌用语是服务性行业的从业人员向客人表示意愿、交流思想情感和沟通信息的重要交际工具，是一种对客人表示友好和尊敬的语言。在服务过程中，它具有体现礼貌和提供服务的双重特性，是服务人员完成服务工作的重要手段。

一、礼貌用语的基本特点

（一）言辞的礼貌性

言辞的礼貌性主要表现在人际交往中敬语的使用。敬语包含尊敬语、谦让语和雅语三方面的内容。

（1）尊敬语是说话者直接表示自己对听话者尊敬、恭敬的语言。尊敬语的最大特点是彬彬有礼、热情庄重。例如，与对方交流时，以"请"字开头，"谢谢"收尾，"对不起"常挂在嘴边；常用"您"称呼身份、地位较高的人等；另外"对不起，让您久等了""劳驾……""请问……"等也是常用的尊敬语。

尊敬语常用的场合包括：比较正规的社交场合；与师长或身份、地位较高的人交谈；与初次打交道或会见不太熟悉的人；会议、谈判等公务场合；接待场合。

（2）谦让语是说话者通过自谦从而表示对听话者敬意的语言。

如称自己"愚"或"敝人"，称自己的见解为"愚见"等。"自谦"体现着一种精神，它以敬人为先导，以退让为前提，是一种典型的以礼待人的人际沟通方式。

（3）雅语是指一些不便直言的事用一种比较委婉、含蓄的方式表达双方都知道、理解但不愿点破的事。例如，在接待宾客时，用"几位"代替"几个人"，用"哪一位"代替"谁"，用"贵姓"代替"你姓什么"，用"不新鲜""有异味"代替"发霉""臭了"，用"我去方便一下"代替"去上厕所"，用"这件衣服不太适合您"代替"您穿这件衣服很难看"，用"发福"代替"发胖"等等。

雅语的使用不是机械的、固定的，需要根据不同场合、不同人物、不同时间灵活运用。

（二）措辞的修饰性

主要表现在经常使用谦谨语和委婉语两个方面。谦谨语常常是以征询式、商量式的语气表达的语言。

委婉语是用好听的、含蓄的，使人少受刺激的代词来替代双方有可能忌讳的词语，以曲折的表达方式来提示双方都明白但又不必点明的事。

在人际交往中，广泛使用谦谨语和委婉语是沟通与交往的对象的思想感情，使交往活动顺利进行的有效手段。它既能使双方传达信息，同时又因为没有点破要表达的内容，所以一旦交往不顺利时容易"下台阶"。

（三）语言的风趣性

在日常交往中，生动幽默的语言能够起到活跃气氛、融洽感情、消除隔阂、增进沟通的作用。必要时，还能消除尴尬局面。

在接待礼仪中，接待人员在接待宾客时，语言不能呆板，不要机械地回答，这样容易使宾客感觉接待人员不热情、业务不熟悉、责任心不强。

（四）表达的灵活性

人际交往中，针对不同的对象、不同性别和年龄、不同场合，灵活地掌握不同的用语，有利于沟通和理解，从而避免矛盾的产生或使矛盾得到缓解。

二、服务行业通用礼貌用语

（一）基本服务用语

基本礼貌用语分为：欢迎语、问候语、告别语、称呼语、祝贺语、道歉语、道谢语、应答语、征询语。

（1）欢迎语：欢迎您来我们××酒店、欢迎光临。

（2）问候语：您好、早安、午安、早上好、下午好、晚上好、路上辛苦了。

（3）告别语：再见、晚安、明天见、祝您旅途愉快、祝您一路平安、欢迎您下次再来。

（4）称呼语：小姐、那位先生、那位女士、大姐、阿姨、您好。

（5）祝贺语：恭喜、祝您节日快乐、祝您圣诞快乐、祝您新年快乐、祝您生日快乐、祝您新婚快乐、恭喜发财。

（6）道歉语：对不起、请原谅、打扰您了、失礼了。

（7）道谢语：谢谢、非常感谢。

（8）应答语：是的、好的、我明白了、谢谢您的好意、不用客气、没关系、这是我应该做的。

（9）征询语：请问您有什么事吗？（我能为您做什么吗？）需要我帮您做什么吗？您还有别的事吗/您喜欢（需要、能够……）？请您……好吗？

（10）基本礼貌用语10字：您好、请、谢谢、对不起、再见。

（11）常用礼貌用语：请、您、谢谢、对不起、再见、请原谅、没关系、不要紧、别客气、你早、您好。

（二）使用服务用语的注意事项

声音柔和，用词准确，简练清楚；面带微笑，态度和蔼可亲，注意语言与表情一致，不左顾右盼；垂直恭立，距离适当，注视脸的三角区；答应客人的事力争办到，不能回答时应先请示，不能随意允诺。

第三节　沟通与交流技巧

在人际交往中，当你与别人谈话时，必须始终能意识到双方同时兼有说话者和听者的双重角色，意识到言语交往的双向性。换言之，要意识到自己的责任不仅是把自己的思想表达清楚，还应考虑怎样谈才能使对方产生兴趣，易于理解，并根据对方的各种反馈信息来调整自己的讲话内容和谈话技巧。

一、自我介绍的技巧

自我介绍是我们跨入社交圈、结交更多朋友的第一步。如何介绍自己，给对方或他人留下深刻的印象，使得他人能够和自己有共同的话题，使谈话得以继续，可以说这是一门艺术，与个人的气质、修养、思维和口才密不可分，同时也和自己的说话方式有很大的联系。

自我介绍要讲究方法，否则会引起对方不快。一般情况下，需介绍自己的姓名、供职单位以及与正在进行的活动有什么关系。介绍时要做到表达清晰、风趣、真实、流畅。

1. 要有勇气和信心

在现实生活中，有的人不善于交际，怕见陌生人，在陌生人面前不知如何开口，更不敢主动介绍自己。他们未开口脸已先红，一开口则结结巴巴，不知所云，这样的人是无法进行社交活动的。胆怯心理是交际中的一大障碍。一方面，我们应该树立信心，相信自己不比别人差；另一方面，我们要努力锻炼自己的口才，培养自己的社交能力，这样就会逐渐克服胆怯心理，在社交场合中应对自如。

2. 要自然、亲切随和

自我介绍时，要自然、亲切、随和，切忌过分亲热，如用力握住别人的手、说过分夸张的话等，这会使对方觉得你矫揉造作，轻浮而不庄重，因而产生反感。当然，这并不是说在自我介绍中完全不能有强烈的感情，充满深厚的感情是可以的，有时还是必要的，但一定要看场合，而且要自然、诚挚。

3. 要有谦虚求实的精神，避免使用骄傲自大的口吻

自我介绍或者初次交谈时，我们要时刻增记自己和别人是平等的，不能只顾吹嘘自己而不管别人的感受。在这方面，前辈们已为我们做出了很好的榜样。当代著名的剧作家沙叶新在一次会上的自我介绍："我乃平庸之辈，只写过一些不成熟的剧本、小说和文章。我本人尚不能以'作家'或'剧作家'自居，我的写作习惯也无任何惊人之处。我只是像一般人那样写作。"沙叶新的自我介绍不但自谦，而且勇于解剖自我，充分体现了实事求是的精神。自谦与实事求是会赢得大家的尊敬与信任。如果自吹自擂，一味炫耀自己，效果可能会适得其反。

4. 不要打断别人的谈话，尊重别人

自我介绍时不要打断别人的话，否则是很不礼貌的，应等适当的时机再介绍自己。在社交场合，不要只想结识某一位显赫的或有特殊身份的人，而置其他人于不顾，这对大多数在场的人来说，也是不礼貌的；应该热情地乐于和多数人打交道，扩大自己的社交圈子，这才不会失礼，才会受到大家的欢迎。

5. 语言要清晰、准确而有礼貌

自我介绍时口齿要清楚，切忌含混不清。容易弄错的字、不好写的字或生僻的字，都要加以准确说明，如"张"和"章"同音，介绍时就应该说明是"弓长张"还是"立早章"。在介绍时还要注意用语文雅有礼，不要粗俗；要能让人理解，不要给人留下疑团。另外，自我介绍时，我们还应该注意声音、姿势、表情等细节性因素，充分利用这些"小因素"，我们可能获取更大的成功。

二、介绍他人的技巧

为他人介绍是第三者为彼此不相识的双方引见的介绍方式。在一般情况下，为他人介绍都是双向的，即第三者对被介绍的双方都作一番介绍。有些情况下，也可只将被介绍者中的一方向另一方介绍，但前提是前者已知道、了解后者的身份，而后者不了解前者。通常是社交活动中的东道主，家庭聚会中的主人，公务交往的礼仪专职人员，正式活动中地位、身份较高者，如熟悉被介绍的双方，又应一方或双方的要求，也可充当介绍人。

三、与陌生人交谈的技巧

与陌生人交谈的技巧是口语交际中的一大难关,处理得好,可以一见如故,相见恨晚;处理得不好,也能导致四目相对,局促无言。与陌生人交谈有以下一些技巧:

(一)察言观色,寻找共同点

一个人的心理状态、精神追求、生活爱好等都或多或少地在他的表情、服饰、谈吐举止等方面有所表现。只要你善于观察,就会发现共同点。当然了,通过察言观色发现的东西,还要同自己的情趣爱好相结合,自己对此也有兴趣,打破沉寂的气氛才有可能。否则,即使发现了共同点,也会无话可讲,或者只讲一两句就"卡壳"了。

【情景赏析】

某退伍军人乘车,其同一陌生人正好坐在驾驶员后面。汽车上路后不久就抛锚了,驾驶员车上车下忙了一通还是没有修好。这位陌生人建议驾驶员检查一下油路,驾驶员将信将疑地去查了一遍,果然找到了原因。这位退伍军人觉得这个陌生人的绝活可能是从部队学来的,于是试探道:"你在部队待过吧?""嗯,待了六七年。""噢,算来咱俩还应是战友呢。你在哪里当兵?"……于是他们就谈了起来。据说后来他们还成了朋友。而这就是一方在观察对方以后,才发现大家都当过兵这个共同点。

(二)以话试探,寻找共同点

两个陌生人为了打破沉默的局面,开口讲话是首要的。可以以打招呼开场,询问对方籍贯、身份等,从中获取信息,可以通过听口音、言辞了解对方情况,可以以动作开场,边帮对方做某些急需帮助的事,边以话试探,甚至可以在发现对方特点后打开交际的局面。

【情景赏析】

某人从某县城上车,坐在一条长椅上。上车后,同座问他:"你在什么地方下车?""南京,你呢?""我也是,你到南京什么地方?""我到南京山西路一亲戚家有事,你也是本地人吧?""不是的,我是从南京来走亲戚的。"经过双方的"火力侦察"发现,一方对县城熟悉,一方对南京了解,而且大家都是走亲戚,这样一来,共同点就清楚了。两个人发现双方共同点后谈得很投机,下车后还互邀对方有机会到自己家中做客。这种融洽的效果看上去是偶然的,实际上也有其必然性,即"火力侦查",发现共同点,向深处挖掘而产生的效应。

（三）听人介绍，猜度共同点

去朋友家串门，遇到有陌生人在座，这个时候，主人会马上出面为双方介绍，说明双方与主人的关系、各自的身份、工作单位，甚至个性特点、爱好等。细心的人从介绍中马上就可以发现对方与自己有什么共同之处。

【情景赏析】

一位县物价局的科长和一位县中学的教师在一个朋友家见面了。主人介绍双方，他们马上发现自己都是主人的同学这个共同点，于是就围绕"同学"这个突破口进行交谈，相互认识和了解，以至变得亲热起来。因此，在听介绍时要仔细地分析，逐步认识对方，发现共同点后再在交谈中延伸，不断地发现新的共同关心的话题。

（四）揣摩谈话，探索共同点

为了发现对方同自己的共同点，可以在对方同别人谈话时留心分析、揣摩，也可以在对方和自己交谈时揣摩对方的话语，从中发现共同点。

【情景赏析】

在广州的某百货商店里，一位军人对服务员说："请你把那个东西拿给我看看。"他还把"我"说成字典里查不到的地道的苏北方言。他旁边正好站着一位苏北籍军人，他也用手指着货架上的某一商品对营业员说了句相同的话，两位陌生人相对一笑，买了各自要买的东西，出了店门就谈了起来，从老家问到部队，从眼下任务谈到几年来走过的路，介绍着将来的打算。可见细心揣摩对方的谈话确实可以通过找出双方的共同点，使陌生的路人变为熟人，进而发展成为朋友。

（五）步步深入，挖掘共同点

发现共同点是不太难的，但这只是谈话的初级阶段所需要的。随着交谈内容的深入，共同点会越来越多。为了使交谈更有益于对方，必须一步步地挖掘深一层的共同点，才能如愿以偿。

四、化解尴尬的技巧

（一）转移话题

在交际场合中，如果某个较为严肃、敏感的问题弄得交谈双方对立，甚至阻碍交谈正常顺利进行时，我们可以暂时回避，通过转移话题，用一些愉快的话题来营造轻松的气氛，转移双方的注意力。或者通过幽默的话语将严肃的话题淡化，使原来僵持的场面重新活跃起来,从而缓和尴尬的局面。例如,朋友之间为了某个问题争得面红耳赤、僵持不下时,可以适时说一个笑话,让双方的情绪缓和下来,使交际活动得以顺利进行。有时候,当人们因固执己见而争执不休时,造成僵持局面难以缓和的原因往往已不是双方对问题的看法本身,而是彼此的争胜情绪和较劲心理在作怪。实际上,人们对某一问题的看法本身并不是固定不变的,随着环境的变化和角度的转移,不同乃至对立的看法可能都是合理和正确的。因此,我们在打圆场时要抓住这一点,帮助争论双方换一个角度来看待争执点,灵活地分析问题,使他们认识到彼此看法的相对性和包容性,从而让双方停止无谓的争论。

(二)找个借口,给对方台阶下

有些人之所以在交际活动中陷入窘境,常常是因为他们在特定的场合做出了不合时宜或不合情理的举动,于是造成整个局面的尴尬和难堪。在这种情形下,最行之有效的打圆场的方法,莫过于换一个角度或找一个借口,以合情合理的解释来证明对方有悖常理的举动在此情此景中是正当的、无可厚非的,这样一来,对方的尴尬解除了,正常的人际关系也得以继续下去了。

(三)善意曲解,化干戈为玉帛

在交际活动中,交际的双方或第三者由于彼此言语之间造成误会,常常会说出别人感到惊讶的话语,做出一些怪异的行为举止,从而导致尴尬和难堪场面的出现。为了缓解这种局面,我们可以采用故意"误会"的办法,装作不明白或故意不理睬他们行为的真实含义,而从善意的角度来做出有利于化解尴尬局面的解释,即对该事件善意的曲解,将局面朝有利于缓解的方向引导转化。善意的曲解并不是单纯地"捣糨糊",而是弥补别人一时的疏忽,消解对方心中的误解和不快,保证人际交往正常进行,因而是一种很有效也很有必要的交际手段。

(四)审时度势,让各方都满意

作为调解者应该理解争执双方此时的心理和情绪,不要厚此薄彼,以免加深双方的差异,并对双方的优势和价值都予以肯定,在一定程度上来满足他们的自我实现心理,在这个基础上,再拿出双方都能接受的建设性意见,这样就容易为双方所接受。

五、赞美别人的技巧

赞美别人,仿佛用一支火把照亮别人的生活,也照亮自己的心田,有助于发扬被赞美者的美德和推动彼此友谊健康的发展,还可以消除人际间的龃龉和怨恨。赞美是一件好事，但绝不是一件易事。赞美别人时如不审时度势，不掌握一定的赞美技巧，即使你是真诚的，也可能好事变为坏事。所以，开口前我们一定要掌握以下技巧。

（一）因人而异

人的素质有高低之分，年龄有长幼之别，因人而异，突出个性，有特点的赞美比一般化的赞美能收到更好的效果。老年人总希望别人不忘记他"想当年"的业绩与雄风，所以，与其交谈时，可以较多地称赞他引为自豪的过去；对年轻人不妨语气稍为夸张地赞扬他的创造才能和开拓精神，并举出几点实例证明他的确能够前程似锦；对于经商的人，可以称赞他头脑灵活，生财有道；对于知识分子，可以称赞他知识渊博、宁静淡泊……当然这一切要依据事实，切不可虚夸。

（二）情真意切

虽然人都喜欢听赞美的话，但并非任何赞美都能使对方高兴。能引起对方好感的只能是那些基于事实、发自内心的赞美。相反，若无根无据、虚情假意地赞美别人，对方不仅会感到莫名其妙，还会觉得是油嘴滑舌、诡诈虚伪。例如，当你见到一位其貌不扬的小姐，却偏要对她说："你真是美极了。"对方立刻就会认定这是虚伪之至的违心之言；但如果着眼于她的服饰、谈吐和举止，发现她这些方面的出众之处并真诚地赞美，她一定会高兴地接受。真诚的赞美不但会使被赞美者产生心理上的愉悦，还可以使你经常发现别人的优点，从而使自己对人生持乐观、欣赏的态度。

（三）翔实具体

在日常生活中，人们有非常显著成绩的时候并不多见。因此，交往中应从具体的事件入手，善于发现别人哪怕是最微小的长处，并不失时机地予以赞美。赞美用语越翔实具体，说明你对对方越了解，对他的长处和成绩越看重。让对方感受到你的真挚、亲切和可信，你们之间的人际距离就会越来越近。如果你只是含糊其词地赞美对方，说一些"你做得非常出色"或者"你是一位卓越的领导"等空泛飘浮的话语，不但可能引起对方的猜度，甚至产生不必要的误解和信任危机。

（四）合乎时宜

赞美的效果在于相机行事、适可而止，真正做到"美酒饮到微醉后，好花看到半开时"。当别人计划做一件有意义的事时，开头的赞扬能激励他下决心做出成绩，中间的赞扬有益于对方再接再厉，结尾的赞扬则可以肯定成绩，指出进一步的努力方向，从而达到"赞扬一个，激励一批"的效果。

（五）雪中送炭

俗话说："患难见真情。"最需要赞美的不是那些早已功成名就的，而是那些因被埋没而产生自卑感或身处逆境的人。他们平时很难听到一声赞美的话语，一旦被人当众真诚地赞美，便有可能振作精神，大展宏图。因此，最有实效的赞美不是"锦上添花"，而是"雪中送炭"。

六、拒绝别人的技巧

拒绝，是人际交往中的逆势状态。拒绝总是令人遗憾的，却又是难以回避的，所以，拒绝时必须以得体的方式进行，把对方的不满和不快控制在尽可能小的限度内。如果不该拒绝的拒绝了，有时会耽误大事；如果该拒绝的不拒绝，轻易承诺了自己不愿意不应该、不必要或者不能履行的职责，不仅事情办不成，甚至最终会自食其果。可见该拒绝的就得拒绝，只是应该讲究拒绝的策略。但是，无论采用什么方式拒绝，都必须以减少对方不悦和失望、寻求其谅解和认同为基本原则。

（一）直截了当

对一些实在不合理或者无法接受的要求，应该直截了当地予以拒绝，不能含糊其词、模棱两可，否则容易使对方产生误解，抱有不切实际的期待。例如，对游客的一些增加游览景点、不加价提高伙食标准等要求，导游员可以以旅行社与旅游团签订的合同为由直截了当地拒绝。当然拒绝的时候要注意态度和语调，尽量不让游客反感。

（二）借故推脱

借故推脱常常是借他人之口或拖延时间来加以拒绝。导游员用于拒绝的借口是多方面的，除了客观事实以外，还可以用制度、惯例等为理由。这样的拒绝实际上是向游客表明自己的拒绝是迫不得已、力不从心，从而使游客放弃要求，甚至能够得到游客的谅解。显然这种方式的拒绝就比简单地说"不"要让人好接受得多。

（三）模糊多解

模糊多解的拒绝指利用某些语言材料或表达的模糊性、多义性巧妙地遮掩拒绝的锋芒。例如，一个旅行团正按预定的日程观光游览，有几个客人途中要求增加几个观光点，但时间不够，要求不能满足。导游就说："这个建议非常好，也非常重要。如果有时间，我们将尽量予以安排。"这种说法比较模糊，怎么理解都可以，并且也巧妙地暗示了拒绝之意。再如，有些外国游客十分关心导游的工资收入，对这一类问题导游肯定是不便直接回答的，但是断然拒绝又不符合当时融洽的交际气氛。有的导游就巧妙地说："我的收入能够维持生活。"这样的回答巧妙地避开了具体问题，十分模糊，既不失礼，又游刃有余。

（四）先扬后抑

先扬后抑是在拒绝之前先表示同情、理解，甚至同意，而后再巧妙拒绝，使拒绝之辞含蓄。例如，有一次马克·吐温向邻居借阅一本书，邻居说："可以，可以。但我定了一条规则：从我的图书室借的书必须当场阅读。"一个星期后，这位邻居向马克·吐温借割草机用，马克·吐温笑着说："当然可以，毫无问题。不过我定了一条规则：从我家借的割草机只能在我的草地上使用。"再如，在故宫博物院，一批美国客人纷纷向导游提出摄像拍照的请求，导游诚恳地说："从感情上讲，我非常愿意帮助大家，但在严格的规章制度面前，我又实在无能为力。"虽然是拒绝，但游客在心理上还是容易接受的。

（五）转移话题

对于一些碍于情面不适合当面拒绝的要求，不必马上说"不"，可以采取转移话题、答非所问、寻找借口等方式暂时把对方的焦点转移开，从而达到间接拒绝的目的。

七、社交场合中的语言禁忌

（一）避免不必要的争辩

喜欢和人争辩，是否以为可以表现自己，并会得到很大的益处呢？其实即使对方表面服输了，心里也不会服输。与对方争辩很容易伤害对方的自尊心，会让对方反感。一般来说，在没有必要的情况下，争辩是不可取的。许多主张、计划等，并不一定是用争辩的方法来获得的。

（二）不要用质问式的语气

质问式的语气往往或多或少地带有一定的火药味。有些人爱用质问的语气来纠正别人的错误，这足以破坏双方的感情。被质问的人往往会被弄得不知所措，自尊心受到极大的打击。尊敬别人是谈话艺术必需的条件。使对方为难，图一时之快，于人于己皆无好处。

（三）避免强压于人

想使对方改变主张时，最好能慢慢地影响他，让他自己修正为好。已经造成损失且无法挽回时，站在朋友的立场，应当给予恳切的指正，而不是严厉的责问，让他知过而改。纠正对方时，最好用请教式的语气，用命令的口吻则效果不好。要注意维护对方的自尊心。

（四）千万不要故意与人为难

处处故意表示自己与别人看法不同的人，和处处随声附和的人一样，都是不真诚的人。所以不要故意与人为难，不要为了表现自己的口才而到处逞能，惹人憎恶。口才可以帮助我们很好地与人相处，但没有人愿意做一个口才很好却处处不受欢迎的人。所以，一定要正确而灵活地表现口才。

（五）对于不知道的事情，不要冒充内行

不懂装懂是一种自欺欺人的行为，知道多少，就说多少，没有人是一个百科全书。即使很有学问的人，也会有所不知。所以，坦白地承认自己对于某些事情的无知，这绝不是一种耻辱。相反，别人会认为这样谈话有值得考虑的价值，因为没有虚伪，没有说长道短。别对陌生人夸耀个人生活，如自己的成就、自己的背景，或是自己的子女。不要在公共场合把朋友的缺点和失败当作谈资，不要老是重复同样的话题，不要到处诉苦和发牢骚，诉苦和发牢骚并不是一种良好的争取同情的手段。

另外，还需要注意以下事项：

（1）不要到忙于事业的人家中去串门，即便有事必须去，也应在办妥后及早告退，不要失约或做不速之客。

（2）不要故意引人注目，喧宾夺主，也不要畏畏缩缩，自卑自贱。

（3）不要对别人的事过分好奇，再三打听，刨根问底，更不要去触犯别人的忌讳。

（4）不要拨弄是非，传播流言蜚语。

（5）不能要求旁人都合自己的脾气，须知你的脾气不一定与其他人相合，应学会宽容。

（6）既不要不修边幅，也不要穿着过于华丽，不然会惹得旁人不快。

（7）不要毫不掩饰地咳嗽、打嗝、吐痰等，也不要当众修饰自己的容貌。

（8）不要长幼无序，礼节应有度。

（9）不要不辞而别，离开时，应向主人告辞，表示谢意。

第三章

城市公共交通服务规范用语

第一节　城市公共交通服务语言

　　语言是人类最重要的交际工具。城市公共交通企业的服务对象——乘客是由有思想、有感情的人组成的，在车厢这个特殊的空间内，服务人员所提供的服务主要是依靠语言来实现的。服务人员需要使用语言这个工具与各界乘客交往，因此，服务人员运用语言的水平，对车厢服务质量，企业的社会效益、经济效益具有重大的影响。

　　运用语言的艺术是指如何正确地、高效地使用语言工具，体现在整个社会交往的全过程。根据城市公共交通企业运营生产的需要，重点研究服务人员在出乘过程中如何运用语言的艺术，即乘务语言，为乘客服务。乘务语言侧重于实用性，强调的是表达形式与效果的统一，包括语言的内容，感情色彩，使用的连贯性、选择性以及有声语言与无声语言的一致性等。

一、学习乘务语言的必要性

乘务语言是指城市公共交通车厢服务人员（乘务员或驾驶员）为提高服务质量而使用的富有创造性的语言表达方式，服务人员讲究语言艺术的根本目的是追求良好服务动机和良好服务效果的统一。

车厢服务的过程是在特殊环境中的人际交往过程，这种交往的主要形式是由服务人员向乘客提供服务，语言则是提供服务的主要手段。大家都知道，语言是一种社会现象，是人类交际最重要的工具。但是，有了语言这个工具并不一定能够得心应手地使用、达到运用自如的程度，还需要在实践中学习、研究运用语言的方法、技巧。

语言具有社会功能，它产生于社会交往之中，又服务于社会交往。由于语言本身就是一种约定俗成，因此运用语言首先要具有规范性，所使用的语言、词汇、语法要符合社会公认的规范标准，这样才能达到使用语言的目的，即表达自己的情感、愿望、需求，别人听到后能够理解。在实践中，人们希望自己所运用的语言能够产生更大的效能，即不仅让人听得懂，而且让人懂得容易、透彻；不仅懂了，而且愿意听，感兴趣；不仅让人听进去了，而且让人信服、受感染，产生共鸣，乐于接受。这就需要人们所使用的语言简练、敏捷、生动、富于幽默感，在运用语言的过程中讲究规范性和艺术性。

（一）讲究乘务语言艺术是沟通驾驶（乘务）员与乘客之间感情的必要手段

城市公共交通的车厢是一个人员密集、成分复杂、充满矛盾的"小社会"，社会上的各种心态、各种现象都会在车厢中体现。在乘车前和乘车过程中，乘客难免遇上这样或那样不顺心的事，造成心理上的不平衡，这种心境在乘车时会随时发泄，发泄的对象往往集中到驾驶员和乘务员身上。由于彼此都是"萍水相逢"、互不相识，往往小题大做，言辞激烈，无所顾忌。这些"唇枪舌剑"不仅会极大伤害当事双方的自尊心，而且还会影响其他乘客的情绪，破坏车内良好的气氛和乘车秩序。在这些矛盾冲突中，语言无疑成为宣泄思想感情的重要工具。

广大乘客在乘车过程中都希望有一个能够使乘客和服务人员心情愉悦的、文明和谐的乘车氛围，这种氛围的形成要依赖于乘客和乘务员之间沟通感情，相互理解，相互信任。服务人员是车厢的主人，沟通感情的主要任务自然而然地落到服务人员身上，而讲究语言艺术则成为重要手段。

语言不仅是认识的工具，更是调整人们的情绪，解决人们之间矛盾的"润滑剂"，有人曾形象地比喻"乘务语言可以是导火索，也可以是灭火器"。如果服务人员不讲究语言艺术，说话随便，出口伤人，不仅使人反感、厌恶，而且极易造成矛盾，引起争执。相反地，服务人员如果巧妙地运用语言，可以防止和减少无谓的摩擦和矛盾。亲切温柔的语言能够缩短服务人员与乘客之间的心理差距，沟通与乘客之间的感情。比如，乘车途中经常遇到堵车的情况，乘客心情急躁，常常向服务人员发脾气，服务人员巧妙地答道："我也不愿意堵车，堵车虽然不是我们的责任，但我理解大家，大家有气尽管朝我发，能帮大家消消气，我很乐意。"听到服务人员的回答后，乘客明白了什么，不仅不再吵嚷了，而且会感慨地说："乘务员也难当啊！"乘客的情绪稳定了，车厢的气氛就又和谐了。

（二）讲究语言艺术是提高车厢服务质量的重要手段

城市公共交通提供的服务不仅表现在为乘客乘车提供了必要的物质条件，还要体现在满足乘客的精神需求上，乘客的精神需求则主要靠服务人员运用语言来满足。比如在售票、帮助乘客找座、疏导上下车、耐心解答询问时，运用语言工具充分表达出自己真挚的为乘客服务的情感，可以使乘客对服务人员产生亲切感，提高乘客对城市公共交通的满意度。

乘务实践证明，讲究语言艺术是提高车厢服务质量的重要手段，只有恰如其分地运用语言，才能增强服务效果，顺利实现企业的服务功能，达到提高效益的目的。实际上，讲究语言艺术本身就是一种科学的服务方法，就是对服务工作客观规律的一种适应。随着人民生活水平日益提高，人们的物质需求和精神需求也日益增长，对城市公共交通企业服务质量的要求也随之提高，为了适应和满足这个要求，广大服务人员必须全面提高运用语言的能力。否则，空有为乘客热情服务的良好愿望，没有确切、得体的语言表达或表达起来言不由衷，又怎样达到为乘客服务的目的呢？提高车厢服务质量也只能是空谈。

（三）讲究语言艺术有助于树立城市公共交通服务人员的良好职业形象

在车厢服务过程中，服务人员需要用大量的语言向乘客做宣传解释工作，引导乘客的乘车行为。广大乘客对城市公共交通服务人员形象的评价是通过自身感受而来的，服务人员能否用得体的、恰当的语言为乘客服务，体现着服务人员的素质。如果满嘴粗话、脏话，或者抓住乘客一点差错就连讽刺带挖苦，那就难免使乘客认为"服务人员张嘴骂人，素质太低"。相反地，如果用文明礼貌的语言热情耐心地为乘客服务，无疑会正面影响乘客，客观上起着示范表率的作用，能够达到潜移默化的宣传精神文明的效果。讲究语言艺术、用语文雅、恰到好处、寓情于理、亲切感人，同样可以感化乘客的心灵，使广大乘客留下良好的印象，有助于塑造和维护公交职工的形象。

二、乘务语言的分类及功能

乘务语言是指服务人员在出乘过程中使用的语言，乘务语言包括规范化语言和使用语言的技巧，本节主要探讨的是乘务服务过程中的规范化语言。规范化语言是指规范化服务过程中经常而且必须使用的语言，按照服务性质和语言的特点分别介绍如下：

（一）从服务性质上分类

乘务语言从服务性质上区分，可以分为一般服务语言和特殊服务语言两种。

1. 服务语言及其功能

服务语言是指服务人员在车厢服务中应该使用的规范化语言和乘务语言的一般表达形式，它主要在报站、售验、监卡、疏导时使用，所有线路已输入语音合成器中。它的基本功能是使乘客清楚乘车过程中的基本情况。一般服务语言包括：

（1）陈述说明式用语主要用于"三报"，向乘客介绍车辆运营情况。如"××路，开往××，请您前（中）门刷卡上车，没卡乘客请您买票（投币）"。

（2）问讯式用语主要用于提出问题，了解乘客动向，以及有针对性地服务。如"哪位乘客没有购票？""您到哪站下？"。

（3）疏导式用语主要用于调整车厢密度，组织协调乘客上下车。如"各位乘客，现在是乘车高峰期，请您抓紧时间上下车"。

2. 特殊服务语言及其功能

特殊服务语言是指为照顾特殊乘客和处理特殊事情时所运用的语言。

（1）祈使式。表示请求或命令而使用的语言形式，经常在给特殊乘客找座位和制止违章乘车行为时使用。如"请您给这位老大妈让个座儿！""请您不要在车上吸烟！"。

（2）感叹式。在抒发感情、振奋精神和调解情绪时所使用的语言形式，最常见的是"谢谢""感谢您的合作"。

（二）从语言表达形式上分类

1. 口头语

口头语是乘务语言的主要表达形式，具体包括中国语言和外国语言。中国语言又包括汉语和少数民族语言，汉语中又包括普通话和方言。在外国语言中，涉及最多的是英语，其次是日、俄、阿拉伯语等。

普通话是我国的标准语言，也是服务人员应该使用的语言。为了更好地为乘客服务，服务人员在使用普通话的基础上还要在实践中学会、学懂方言、我国少数民族日常用语以及其他国家的日常用语。

2. 手势语

在乘务语言中，我们所讲的手势语是指聋哑人使用的手语，是通过面部表情和不同手势表达思想感情的一种语言形式。学习手语可以增强服务人员的服务技能，有助于与聋哑人的交往，更好地为聋哑人服务。

3. 无声语言

表情即无声的语言，是服务人员用自己的面部表情及姿态、动作来表达自己的思想感情或赞同、反对等基本态度时所使用的语言。其中常见的表情有满意、赞同、愤怒、鄙视、愧疚、疑问等。表情语言往往配合口头语言和手语运用，比如微笑配合陈述说明式语言，会使人感到和蔼可亲。表情语言是口头语言和手势语言的补充，应该与口头语言和手势语言保持一致。

所有乘务员要求目光迎客，就是指乘务员在迎客时与乘客沟通过程中，正视对方，这是与乘客的交流，也是对乘客的尊重。

身体的姿态也会给乘客传递信息。例如，如果乘务员站立迎客时，无精打采，等于间接告诉乘客你状态不好或是感到无聊，这会给乘客留下不良印象，影响企业的形象。

面部表情在很大程度上反映态度。面部表情不总是与语言一致，出现不一致时，人们往往相信面部表情，从中听出"言外之意"。

三、乘务语言的基本特点和要求

服务人员在车厢服务过程中所使用的语言属于应用性语言，其基本特点表现在掌握的词汇多、句式多，在表达正确、熟练的基础上，能够依据需要快速地选用最恰当的词汇，构成最合适的语句。在提供服务、宣传道理、反驳错误时不仅明白流畅、具有较强的逻辑性，而且能够轻重得体、感染人、说服人。使用乘务语言时要能正确鉴别乘客的语言，应答敏捷、清晰。服务人员所使用的语言的基本特点和要求可以概括为：适合需要，文明礼貌，准确清晰，含蓄委婉，简单生动，富有情趣。

（一）乘务语言的基本特点

乘务语言是服务人员在特定的环境、时间和人员中使用的语言，它的基本特点是：

1. 行业性

乘务语言只限于在城市公共交通运营车辆的车厢中使用，包括一般行业用语。语言的使用范围和内容受到一定的限制，呈现行业的一些特点。如果把这些语言换一个空间、时间使用，就会令人啼笑皆非。

2. 通用性

使用大家都能听得懂的语言，在我国绝大多数城市公共交通的车厢中都使用国家规定的标准语言——现代汉语，即汉语普通话。

3. 主动性

服务人员在车厢中是以主人的身份提供服务的，要主动满足乘客的需求体现在主动接待、主动介绍、主动宣传、主动服务上。所使用的语言均要侧重于主动，即便是回答乘客的询问，也要使用主动性语言。

4. 规范性

城市公共交通企业运营车辆很多，如每位服务人员都使用自己独特的语言提供服务，乘客会感到很不一致，很难适应。因此，服务人员与乘客交流时所使用的语言应具有规范性，使用统一的标准规范。当然在保持语言规范性（即共性）基础上允许每个人具有各自的特色（即个性）。

5. 平稳性

服务人员使用的语言要适应乘客的需求，在提供服务的过程中应该不急不躁，表现一定的耐心。特别是解答乘客询问时，如果急躁，采用过激的语言，会使乘客难以接受，导致乘客产生不满情绪。因此，服务人员使用的语言除个别情况需要艺术处理外，在多数场合的规范服务中应该尽量使用中性词汇，使语言具有平衡性，表现出不急不躁的心态。

6. 重复性

服务人员出乘过程是循环往复地进行的，行驶路线固定，服务内容基本相同。企业生产的特点决定了服务人员所使用的语言具有重复性。对服务人员来讲，服务用语已经说过千遍万遍，对于常乘车的乘客来讲也是非常熟悉，他们可能觉得"老是这一套""没意思"，甚至反感。但是我们也应该看到几乎每个运营车辆的车厢中都有第一次听到服务用语的乘客，这些乘客则"竖"起耳朵听，重复的服务用语对他们来说不仅需要，而且渴求。

（二）乘务语言的基本要求

依据乘务语言的基本特点，服务人员所使用的语言应包括以下基本要求：

1. 清　楚

服务人员所使用的语言是为乘客提供服务的，也是为了表达自己的思想感情、意见、要求，首先应该让乘客知道自己讲的是什么，如果服务人员说了半天，乘客根本不知道讲的是什么，那怎么可能使自己的语言产生效果呢？因此"清楚"是对乘务语言的首要要求。

清楚是指语言的内容明确，表达有序，发音清晰，节奏合理。从服务人员本身来讲，首先自己要清楚自己说什么内容，为什么要说，需要达到什么效果。从乘客来讲，出行是具有一定目的的，为了达到自己的出行目的，就需要选择乘车线路、上下车地点和换乘车站，也需要知道服务人员介绍的各种情况，了解公共交通业。无论从服务人员还是从乘客来讲，语言清楚都具有重要意义。

要清楚就要做到表达时语句完整，语意明确，发音清晰，表达的内容要有头有尾，符合逻辑，易于被乘客接受。绝不能使用含混不清的语言，残缺不全的语句，杂乱无章的内容。特别应该强调的是表达应有节奏，语速适中。语速快乘客听不清楚，相反则会显得拖沓。根据经验，正常的语言速度为每分钟150~180个字，使用这种语速，人们的感官和神经系统可以清楚地接收到语言信号，一些老服务人员曾经通俗地解释为"慢、高、清"。

2. 准　确

准确包含几方面的内容，一是指正确使用普通话，语法规范、发音准确；二是指表达的语言要与思维相对应，俗话说"言为心声"，要准确表达所思所想，就应选择正确的语言形式，符合逻辑规律，不自相矛盾、颠三倒四；三是指要根据场合、情境和对象准确使用语言，应该因人而异、因时而异地运用适当的语句，清楚完整地表达意思。

（1）发音准确。即使用现代汉语的标准发音，剔除方言发音。少数服务人员平常讲话时带有乡音，应注意学习普通话，练习标准发音，在出乘时必须使用标准发音。选择词汇要贴切，是因为现代汉语表意丰富，要注意词汇的感情色彩，要选择最适合的词汇来表达自己的意思，不能不加选择地乱用词汇，更不能言不由衷。

（2）词汇准确。即运用语言的形式要与思维形式相对应。思维是语言的内容，语言是思维的表达形式。"言为心声"告诉我们，要准确表达自己的意愿，就要选择准确的语言形式，表达的语言不能自相矛盾，颠三倒四。

（3）对象准确。是指运用的语言要具有针对性。针对不同情况、不同对象，因人而异、因时而异地运用适当的语句、语气，并辅之以表情，使用的语言"对路子"，收到最佳的表达效果。

3. 精　练

精练是指讲话既要言之有物又要使用最少的语言，避免多余的语句和不必要的重复，同时表达出完整、具体的内容，也就是讲话要做到言简意赅。"言不在多，达意则灵"，乘务服务是在车厢有限的运营时间内进行的，特别是与某一位乘客交往，时间更是短暂。所以，乘务工作的特点要求服务人员所使用的语言必须精练。

在车厢服务过程中使用的规范服务用语是经过长期实践、提炼出来并经过反复检验的语言，熟练掌握和运用这些语言就基本上达到了精练的要求。除此之外，在解答乘客询问、处理乘务矛盾时，由于情况复杂，很难提出统一的标准用语，在此，只做一般性原则提示，即思维敏捷、斟酌词句、用词适度。

4. 生 动

生动是指服务人员使用的语言形象、诙谐，表达方式灵活、自然、富于幽默感。服务人员使用生动的语言可以在车厢内创造一个轻松、愉快的氛围，使乘客乐意接受我们的意愿，特别是在情绪对立的时候，使用生动的语言往往能起到缓和僵局的作用。但是，我们也要注意把生动和耍贫嘴区别开来，做到风趣而不失庄重。要想取得语言生动的效果，一方面，需要与清楚、准确简练的要求结合在一起，综合运用；另一方面，还需要以表情、手势辅助语言，保持有声语言和无声语言的一致。科学研究表明，一条信息产生的效果，有54%是由无声语言引起的，即姿态动作、表情。因此，要确切地表达我们的情感，就要充分运用无声语言的效果。

5. 文 明

文明是指服务人员使用的语言文雅、纯洁，不使用非礼性语言，特别是不能使用侮辱性、辱骂性语言。服务人员是车厢的主人，在出乘过程中我们的全部言行都应以为乘客服务为宗旨，视乘客为亲人。对待自己的亲人，我们只能多奉献一点爱心，多一点尊重，哪能使用不文明的语言对亲人讲话呢？乘务语言文明反映着服务人员本身的素质和文化修养，具有较高修养的人是不会使用粗鲁语言的。乘务语言文明还要注意词汇的感情色彩，褒义、贬义运用准确，一般不使用程度激烈的语言。要想做到乘务语言文明就要在平时注意培养语言习惯，不仅出乘过程中不使用不文明语言，就是在日常社会生活交往中也要自觉地培养自己的语言习惯，如果平时我们不注意培养，养成了一些不良习惯，特别是一些所谓的"口头禅"，这样在车厢服务过程中难免会自觉不自觉地流露出来，造成语言的不文明。没有文明的语言，绝不会收到良好的服务效果。

第二节 城市公共交通客运服务语言规范

一、城市公共交通客运服务规范内容介绍

城市公共交通客运服务规范是在市场调查的基础上，将乘客的各种需求进行整理和归纳，以成文的形式确定下来，将服务质量具体化、标准化、程序化，便于操作。

第三章 城市公共交通服务规范用语

城市公共交通的服务规范主要是对公交乘务人员的服务程序、服务方法、服务语言等方面提出的具体要求。

服务人员在车厢服务用语中要做到"四声",即乘客上车有"呼声",动员乘客有"请声",乘客问话有"答声",麻烦乘客有"谢声"。

服务中做到态度和蔼、语言文明、热情周到。对不同乘客有不同尊称。根据公交服务工作的特点,规范用语主要有以下10种:

(一)文明敬语

1. 内 容

"请""您""谢谢""对不起""没关系""不客气""再见"。在服务中要灵活、准确、纯熟地运用好文明敬语。

2. 标 准

对乘客说话要用"请""您";得到乘客帮助要说"谢谢";受到乘客表扬说"不客气";遇到乘客道歉说"没关系";乘客下车说"再见"。

(二)报站用语

1. 内 容

按照"三报"规范要求报清路别、方向,预报站名,报到达站,另外,要正确使用报站机(报话器)。

2. 标 准

(1)车辆进站时,向站台报"路别方向":"××路,开往××,请您前(中)门刷卡上车,没卡乘客请您买票(投币)。"

(2)车辆出站时,向车内报"预报站":"下一站××,请您准备从后门下车。"

(3)车辆即将进站,向车内报"到达站":"××站到了,请您从后门下车,带好随身物品。"

(三)售验票用语

1. 内 容

在售票和查验车票中的用语。

2. 标 准

(1)售验、刷卡提示用语:"持卡乘客请刷卡,没卡乘客请买票(投币)"。

(2)遇乘客需购票时,如果不是无人售票车,乘务员应说:"请问您到哪?""票价×元钱",收您××元钱,请拿好钱和票";无人售票驾驶员、监票员应说:"请问您到哪?""票价××元钱""请您投币入箱,自行取票车。"

(3)遇找零时,乘务员应说:"您这是××元钱,收您××元钱,找您××元钱,请拿好钱和票";无人售票车驾驶员、监票员应首先说:"车里哪位乘客能够帮忙换下零钱?谢谢您!"无人换零时,应说:"非常抱款,没有人能够帮您换零钱,本车为无人(准无人)售票线路,不设找赎,请您谅解。"

(四)解答询问用语

1. 内　容

遇到乘客询问时的解答用语。

2. 标　准

(1)解答乘客询问应做到有问必答,不知代问,多问不烦。

(2)无人售票线路驾驶员在行车中不便解答乘客询问,可婉言谢绝:"请稍等,我到站为您解答。"

(3)当服务人员不清楚如何回答乘客询问时,应向乘客诚恳解释:"我不太清楚,我帮您问问其他乘客。""哪位乘客能够帮忙解答?"。

(五)疏导乘客用语

1. 内　容

为缓和车内局部拥挤,均衡车内载客空间使用的宣传用语。

2. 标　准

(1)上下车用语:"各位乘客,现在是乘车高峰时间,请您抓紧时间上下车。"

(2)均衡载客用语:"刚上车(路远、车门处)的乘客请您尽量往里走。"

(六)温馨提示用语

1. 内　容

提示乘客注意乘车安全的用语,如开关车门提示、雨雪天防滑提示、车内外安全提示、车内防盗提示、携带物品提示等。

2. 标　准

(1)开关车门提示:"站在车门处的乘客,请您注意,(我)要开(关)车门了。"

(2)雨雪天防滑提示:"上下车的乘客,请您小心,脚下防滑。"

(3)高速路提示:"车辆驶入高速公路,请您扶好坐好。"

(4)车内、外安全提示:"车辆拐弯,请您扶好坐好。""车辆进站,请您注意安全。"

（5）车内防盗提示、携带物品提示："各位乘客，请您携带（保管）好随身物品，以免丢失。"

（6）乘客身体部位探出车外提示："乘客您好，为了您的乘车安全，请不要将身体的任何部位探出车外，谢谢。"

（七）节日问候语

1. 内　　容

在"元旦""春节""五一劳动节""十一国庆节"等国家法定节假日期间向乘客表示节日祝贺的用语。

2. 标　　准

"各位乘客，新年好！""各位乘客，过年好！（春节好！）""各位乘客，节日好！"或者"五一节好！""国庆节好！"

（八）处理问题用语

1. 内　　容

在运营服务中遇到一些具体问题时，应当使用的规范用语。

2. 标　　准

（1）发生机械故障或交通事故时，服务人员应对乘客说："各位乘客，非常抱歉，本车发生了机械故障（交通事故），无法继续运行。我们将帮助您换乘本线路下一辆车，再上车时不需刷卡。"

（2）发生客伤事故时，服务人员应对乘客说："各位乘客，非常抱款，刚才遇到突然情况紧急制动，有受伤的乘客，请您及时告知我们。"

（3）当乘客妨碍安全视线或向乘客提出某项具体要求时，驾驶员应说："对不起，您妨碍了我的安全视线，请您让一下，谢谢。"或"请您往里走。"

（4）服务人员请求乘客协助、帮助时应该说"劳驾""拜托""打扰""借光"等。

（5）观察到乘客有为难之处时，服务人员应该说："您需要帮助吗？"或"我能为您做点什么？"

（6）驾驶员遇到难以满足乘客提出的某些要求时应该说："对不起，企业有规定，为了您的安全，不能中途上下车，请您谅解。"

（7）因某种原因给乘客带来不便、妨碍、打扰时应该说"抱歉""对不起""请原谅""不好意思""请多包涵"等。

（8）当车已满载时应说："各位乘客，本车已满员，实在上不来人了，请您等候下车，谢谢您的合作。"

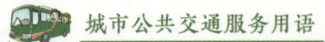

（九）重点照顾

1. 内容

当老、幼、病、残、孕乘客上车时给予照顾。

2. 标准

（1）热情宣传让座，积极帮助乘客找座。例如，可以说："文明乘车是中华民族的传统美德，请主动给有需要的乘客让座。"

（2）有条件的情况下，对行动不便的乘客给予搀扶。

（3）适当延缓开、关门时间，防止夹摔乘客。

（十）车到终点站提醒

1. 内容

车到终点站时提醒乘客车已到终点站，请乘客携带好相关物品下车的服务用语。

2. 标准

（1）提醒乘客带好物品，乘务员到车下送乘客。

（2）乘客全部下车后，检查车内有无遗失物，争取时间搞好车辆卫生。

二、城市公共交通客运服务实操规范

（一）文明服务22个"怎么说"？

1. 欢迎乘客乘车时怎么说？

乘客们好！我是本车乘务员，欢迎您乘坐我们的客车。您有什么事情和要求，请和我联系，我愿意帮助您解决，以便更好地为您服务。

2. 动员乘客遵守下车秩序时怎么说？

下车的乘客，请提前做好下车准备，排队依次下车。

3. 宣传安全常识时怎么说？

乘客们，乘车时头和手不要伸出车外，以免超车、会车时发生危险。

4. 要求乘客往车厢里走时怎么说？

乘客们，先上车的同志请往里面走，不要堵在车门口。以免影响其他乘客乘坐或通行。

5. 向乘客宣传卫生常识时怎么说？

乘客们，讲究卫生是每个公民的美德，请不要随地吐痰，不要将垃圾扔在车厢内，请保持车厢卫生清洁。

6. 禁止乘客吸烟时怎么说？

乘客们，请您不要在车厢内吸烟，以免发生火灾，给国家和人民的生命财产造成不应有的损失。

7. 乘客上车不排队加塞时怎么说？

那位同志，您看大家都按顺序排队上车，请您按顺序排到队伍里去，好吗？谢谢。

8. 车到达中途停车站时怎么说？

乘客们，前方到站××站，要下车的乘客，请您把自己随身携带的物品整理好，不要落在车上，谢谢。

9. 转弯路不平时怎么说？

乘客们，前面有条弯路，请抓稳扶牢，照看好您的小孩，以免发生意外，谢谢。

10. 检查乘客行包物品时怎么说？

同志，请您把行包打开，让我们查看一下，谢谢合作。

11. 中途站上车时乘客拥挤时怎么说？

乘客同志，请大家遵守乘车秩序。尊老爱幼是每个公民的美德，不要抢到老年人和带孩子乘客的前边。

12. 乘客之间发生矛盾时怎么说？

请不要因为一点小事争吵不休，都相互谦让些，好吗？

13. 乘客携带易燃易爆物品时怎么说？

同志，根据国家规定，严禁携带易燃易爆和腐蚀性物品乘车，请您协助我们的工作，谢谢。

14. 受到乘客批评时怎么说？

同志，您提的意见很好，我们一定要在今后的工作中引以为戒，改进我们的服务工作，让大家更加满意。

15. 要求乘客爱护车厢设备时怎么说？

乘客们，爱护车厢内的设备是我们大家的责任，谢谢大家的合作。

16. 提醒乘客不要睡觉时怎么说？

乘客们，行车途中别睡觉，睡觉坏处可不少。乘车睡大觉，容易被偷盗。睡着觉、闭上眼，瞌坏碰坏难避免，大家互相来关照，有人睡着叫一叫。乘车摸钱包，容易露目标。乘车一拥挤，小偷暗欢喜。下车慢慢走，提防"三只手"。

17. 乘客上错车时怎么说？

同志，我们的车是开往××方向的。您上错车了，请您马上下车，以免耽误您的正常旅行。

18. 帮助乘客拿东西时怎么说？

同志（大娘、大爷），我帮您拿。

19. 不是站点，有招手的乘客时怎么说？

请您到前面车站上车。

20. 欢迎广大乘客对服务工作评议时怎么说？

为了更好地提高我们的服务质量，请乘客们监督我们的工作。车厢里设有意见簿，请大家充分利用，让我们的服务工作越来越规范。

21. 动员乘客让座时怎么说？

乘客们，尊老爱幼是中华民族的传统美德，请主动给老弱病残孕及有需要的乘客让座，谢谢。

22. 受到乘客表扬时怎么说？

同志，您过奖了。我们的工作做得还很不够，请多提出宝贵意见，不断改进我们的服务工作，更好地为人民服务。

（二）文明服务30个"怎么办"？

1. 乘客违章怎么办？

态度和蔼讲道理，按章办事不含糊。

2. 乘客发火怎么办？

乘客发火我不急，微笑服务更周到；耐心和他把理说，迟早他能把气消。

3. 自己遇到不顺心的事怎么办？

牢记我是乘务员，自己的事情放一边。

4. 乘客少了怎么办？

乘客多少一个样，热情服务不缺项。

5. 中途乘客着急乘车怎么办？

乘客多了有急缓，优先照顾老弱和病残。

6. 乘客之间发生矛盾怎么办？

主动劝解理应当，语言含蓄不冲撞；双方互让有台阶，主持公道不偏向。

7. 乘客损坏公物怎么办？

批评教育要做好，照价赔偿不能少。

8. 遇到熟人怎么办？

语言热情打招呼，一样对待不特殊。

9. 刚补完票又要退票怎么办？

耐心细致讲客规，中途客票不能退。

10. 车刚出站又来乘客怎么办？

车上人多不出站，人少停车不嫌烦。

11. 乘客情绪不好怎么办？

带头活跃搞宣传，调节气氛是关键。

12. 乘客不讲卫生怎么办？

勤打扫、勤宣传，弄脏车厢我不烦，身体力行服务好，讲究卫生做模范。

13. 乘客买儿童票发生争执怎么办？

讲清要求不气恼，按照标尺来补票。

14. 对故意挑逗和弄虚作假的乘客怎么办？

不羞不惧不气恼，耐心帮助不计较；宣传文明讲法制，调皮乘客能改好。

15. 车上有吸烟的乘客怎么办？

乘客上车先宣传，吸烟危害谈周全；个别乘客不听劝，走到面前个别谈。

16. 对语言不通的乘客怎么办？

学会哑语和方言，实在不通用笔谈。

17. 对越站乘车的乘客怎么办？

越站责任要分清，报站失误车上管；故意越站少花钱，坚决补足越站款。

18. 对晕车乘客怎么办？

送水送药到跟前，呕吐口袋拿身边；座位尽量向前换，转移注意靠语言。

19. 对慢性子乘客怎么办？

慢性乘客非病残，引导督促赶时间。

20. 遇到要照顾的乘客上车，车上没座位怎么办？

先把自己座位让，动员乘客互相帮。

21. 与乘客因办行包运费而发生分歧怎么办？

行包运费交代清，眼估重量也说明；合理收费无差错，有了偏差要纠正。

22. 对抢上抢下的乘客怎么办？

未开车门先宣传，抢上抢下不安全；先下后上排好队，乘车秩序会自然。

23. 对乘客携带行包多怎么办？

行包多了安排好，帮助乘客解烦恼；大件都上行李架，小件不能挡过道。

24. 乘客携带易燃、易爆、易腐蚀物品时怎么办？

危险物品不上车，态度坚决不妥协；车上发现处理好，万一出事不得了。

25. 乘客遗失物品怎么办？

拾到物品登记好，保管无缺不要少；认真主动找失主，乘客感谢信誉高。

26. 班车途中发生故障怎么办？

告诉乘客别着急，帮助师傅找问题；毛病大了没法修，快和公司取联系。

27. 受到乘客表扬和批评怎么办？

遇到批评找不足，受到表扬不骄傲。

28. 发现乘客错乘怎么办？

错乘错在乘务员，妥善安排交分站；带回原站不收款，诚恳道歉不怠慢。

29. 车内满员时乘客上不来怎么办？

讲清道理为安全，请等后车来支援；即使当天没有车，也比出事强百般。

30. 遇到刁难乘客怎么办？

乘客规定多宣传，无理取闹交公安；有理也要三分让，无理更应先道歉。

二、司乘人员安全宣传、提示、警示和劝阻用语

表 3.1 不同场合服务用语

使用场合	服务用语	服务忌语
迎送场合	1. 您好，早上好，下午好，晚上好，再见。 2. 各位乘客，欢迎乘坐××公交××路公交车。 3. 谢谢您对我们工作的支持。 4. 下次乘车再见。 5. 欢迎下次再乘坐我们的车。 6. 请乘客们按顺序上下车，不要拥挤。	快点下车！
报站场合	1. 本车是××路车，请乘客们不要上错车。 2. 前方到站是×××站，下车的乘客请准备。 3. ×××站到了，请下车的乘客带好随身物品，在车辆停稳后从后门安全下车。	1. 你自己不会看呀！ 2. 车不到×××站！
疏导场合	1. ××！还没到发车时间，请稍候。 2. 各位乘客，为节省您的时间，请先下后上。 3. 请乘客们按顺序上下车，不要拥挤。 4. 请注意安全，慢慢上。谢谢！ 5. 车辆人多拥挤，请上车的乘客往里面走，谢谢您的合作！ 6. 车辆乘客多，车厢内拥挤，请给下车的乘客让一让，谢谢！ 7. 请不要着急，车在等您。谢谢！ 8. 大家都急着上（下）班，请相互关照一下，上车的乘客请往里靠一点好吗？ 9. 对不起，车已满员，挤不上了，请您坐下趟车，谢谢！ 10. 对不起，您看，车上确实没地方，后面的车马上到，请您坐下辆车好吗？ 11. 请从前门上车，请从后门下车。 12. 下车的乘客往后门走。 13. 对不起，公交车是定站上下，车还没有到站，请您稍等，到站后再下车。 14. 前方到站×××站，本站可转乘××路公交车，有下车的乘客，请做好准备，车没有停稳前请不要站起来走动，注意安全。谢谢！ 15. ×××站到了，请下车的乘客带好行李物品，在车辆停稳后安全下车，谢谢！ 16. 乘客们，由于堵车，耽误了时间，请大家谅解。 17. 对不起，车辆发生了故障，请换乘后面的车，谢谢合作！	1. 上车的，快点！ 2. 挤什么挤！ 3. 不爱坐，下车！ 4. 嫌慢，打的去！ 5. 嫌挤，在家没人挤！ 6. 着什么急？ 7. 你还不下车，愣着干什么？ 8. 你堵在门口干什么？

续表

使用场合	服务用语	服务忌语
安全用语	1. 请各位乘客注意坐好扶稳，车要起步了。 2. 车子起步，请坐好站稳，抓好扶手。 3. 请乘客们坐好扶稳，照顾好自己的小孩（老人）。 4. 车辆前方拐弯，请坐好站稳，抓好扶手，不要在车内移动，谢谢！ 5. 车辆转弯（车辆靠站），请坐好站稳、抓好扶手。 6. 车辆拥挤，请大家按顺序下车，谢谢合作。 7. 各位乘客，现在是上（下）班高峰期，人多拥挤，请大家互相照应，谢谢！ 8. 很抱歉，车辆出现了故障，耽误您的时间，谢谢！ 9. 各位乘客，请看管好自己的物品，注意安全。 10. 请您把小孩照顾好，注意乘车安全，谢谢！ 11. 请注意，要开（关）门了，请站在门口的乘客注意安全，谢谢！ 12. 小朋友，请坐好，请不要在车厢内跑动。 13. 对不起，刚才有××情况，跌伤了没有？ 14. 对不起，车门夹伤您了没有？ 15. 对不起，哪位乘客可以帮忙作证？多谢！	1. 谁叫你不坐好（扶稳）？ 2. 眼瞎了，没看见关门？ 3. 找死呀？ 4. 讨厌，谁看见你了？
监督卫生场合	1. 对不起，请您不要在车内吸烟，谢谢！ 2. 请不要在车厢内吐痰！ 3. 请不要乱丢果皮、纸屑、杂物，谢谢合作！ 4. 请把垃圾扔在车内垃圾筐！	1. 喂，不要抽烟！ 2. 一点也不文明！
监督投币场合	1. 请乘客们自动投币；请您自觉投币；请问您的IC卡刷过了吗？ 2. ××，您投币不足，请补投×元。 3. 没有投币（刷卡）的乘客请投币（刷卡）。 4. 请问哪位乘客有零钱，请帮忙换一换。 5. 请问您在哪下车？（请问您到哪里？） 6. 请收好您的车票，以备查验，谢谢合作！ 7. 请问您投币（刷卡）了吗？ 8. 对不起，这位小朋友已达到购票的高度，请给他买张票。 9. 请帮忙传递一下，谢谢！ 10. 这位乘客，这是无人售票车，请您走前门上车，谢谢！	1. 喂，赶快买票！ 2. 没有零钱坐什么车，赶快下去换零钱 3. 喂，为什么不刷IC卡？ 4. 快投钱，不找钱，怎么不准备零钱？ 5. 快点，车要到站了！ 6. 喊什么，等会！ 7. 随便你去投诉，我不怕，车上有电话号码！ 8. 赶什么，等会！

续表

使用场合	服务用语	服务忌语
应对"六种乘客"场合	1. ××，请您给这位××让个座好吗？谢谢！ 2. ××，别着急，等停好了车再下车，我们会等您的。 3. 老人家，您慢点走。 4. ××，别着急，我来扶您。 5. 请您把小孩照顾好，注意乘车安全，谢谢！	1. 等等，那个老头要下车。 2. 烦死人了！ 3. 年纪大了，不要来挤公交车！
其他用语	1. 正确称呼：先生、小姐、女士、大伯、阿姨、同学、小朋友。 2. 对不起；请原谅；没关系；谢谢。 3. 对不起，不小心踩到您的脚了。 4. 对不起，这是我不对。 5. 我没及时提醒您，请您原谅。 6. 您问我吗？真对不起，刚才我没听见。 7. 这件事我不大清楚，但我可以帮您问一下。 8. 谢谢您给我们提出宝贵建议和意见。 9. 感谢大家对我们的支持和配合。 10. 我们服务不周的地方，请多加包涵。	1. 你问我，我问谁？ 2. 我怎么知道？ 3. 我就这态度！ 4. 讨厌！ 5. 刚才和你说了，你怎么还问？ 6. 我告诉你几遍了，怎么还问？

第三节　对待残疾人士的语言技巧

城市公共交通服务人员为残疾乘客服务时，应注意：

（1）忌用食指对其指指点点，否则对方会认为你在议论他或者瞧不起他。

（2）忌好奇地、长时间地注视、盯着对方看，这是不礼貌的。

（一）与聋哑乘客交流

（1）与聋哑乘客交流可用"手语"。因为聋哑乘客有语言障碍，最好用"手语"与其交流，切忌上前拍肩膀，更不要直呼其"聋子"或"哑巴"，他们虽然听不见，但可以从你说话的口型判断出你说话的内容。

（2）与聋哑乘客交往，态度要诚恳，语气要温和，不要流露出不友好的表情。

（3）与聋哑乘客交往时也可以采用笔谈的方式。但要注意，多用通俗易懂的词语，少用抽象的、令人费解的词语。

（二）与有精神障碍的乘客交往

（1）忌给他们易伤人、毁物的物品。

（2）忌歧视他们，不要把他们当作洪水猛兽，他们不发作时，几乎与正常人一样。与他们打招呼时最好直呼其名，但要注意语气。

（三）与盲人乘客交往

（1）盲人乘客虽然看不见，但可以听见。因而，对其的称呼要格外亲切。

（2）与盲人乘客交谈时不应有过多的描述。另外，他们看不见你的表情，所以，当盲人乘客与你交谈时，忌总是沉默不语。

（3）盲人乘客上车后服务人员应及时询问他们是否需要帮助，搀扶他们的手臂须征得同意。

（4）盲人乘客下车时服务人员应及时、热情地提醒他们注意安全。

第四节 服务语言禁忌

如果服务人员与乘客交谈时谈话的内容欠考虑或表达方式不妥，会破坏与乘客沟通的效果，使交谈达不到预期目的，甚至导致彻底失败。以下是服务人员与乘客交流时应注意的谈吐禁忌。

一、交谈忌讳

（1）谈及乘客隐私。谈话内容应回避涉及乘客隐私，一旦张口问及乘客不愿启齿的个人隐私，将会置乘客于尴尬境地，并易引起乘客反感。如果乘客觉得个人隐私有必要向你说明，觉得你是可以信任的人，自然会主动向你谈起。乘客的婚恋问题、家庭纠纷问题、经济收入问题等都是乘务语言禁忌。

（2）忌议论不在场的第三者。服务人员与乘客交流不议论不在场的第三者。

（3）忌谈论他人的伤心事或缺陷。尽管有时你说的是铁的事实，但乘客听起来也会感到非常刺耳。例如"听说你离婚了""听说你几天前被领导训了一顿"等，诸如此类的语言不但会伤害乘客的自尊心，其他在场乘客听到也会深感不快。

（4）忌问不该问的问题。忌问及乘客私人情况，如对方收入、家庭成员的私人问题、住处等；对年轻的女乘客忌询问她们的年龄、婚否、住处，更忌对她们的长相品头论足。

（5）忌没完没了谈自己的事情。服务人员与乘客交流是必要的，但是如果没有度地海阔天空，不但会令人反感，还会影响正常的乘务工作。

（6）忌自吹自擂。个别服务人员在与同事及乘客交流时，常喜欢自吹自擂，语气骄横。如详细地吹嘘自己如何有社会背景，如何办事有路子，如何有社会关系等。想以此抬高自己在对方心目中的地位，而实际得到的结果却恰恰相反。

（7）忌抱怨不休。遇到共同的话题，人们容易谈得投机，尤其朋友之间更愿倾诉衷肠。但是有些人抱怨不休，不停地向对方诉苦。这样的谈话会使对方感到毫无意义而产生厌烦心理。

（8）忌饶舌。个别服务人员口齿伶俐，碰到初识的人或者老熟人，常表现欲过于强烈，不管对方喜不喜欢某个话题，不管对方愿不愿听下去，滔滔不绝地直说下去，使对方根本没有说话的机会，更难以改变话题。

（9）忌句句不离"我"字。有些服务人员与相识的人谈话，虽然谈的不是自己的事情，却喜欢频频使用"我"字，如"我以为""依我看""我才不在乎呢""我如何如何"，整个谈话令对方感到你是以自我为中心，他充其量是个听客罢了。因此，除非对方要求你谈谈自己的事，否则，在处理同事关系、为乘客服务时，忌句句不离"我"字，应适当多关心对方，多谈些对方感兴趣的话题。

（10）忌沉默寡言。与饶舌不休的人正相反，有些服务人员由于性格内向或存在自卑心理，在与同事交谈、为乘客服务时，常沉默寡言、不爱说话，这种行为不仅影响同事关系，更会影响与乘客的交流及乘务服务质量。

（11）忌打断他人说话。个别服务人员在与同事或乘客交谈时，常不由自主地打断他人说话或者抢别人的话头，扰乱说话者的思路，这是不得体的。个别服务人员在同事或乘客说话尚未告一段落时，为表现自己领悟得快，比说话者更聪明，随意插嘴，这是极失礼的。

（12）忌措辞难懂。有人以为使用别人难以理解的词汇便显示出自己学识渊博，其实不然，在交谈中应该尽量避免使用专门术语或学术用语。普通人理解专门术语的能力毕竟是有限的，如果因为听不懂其中一两个字词而无法听懂你说的意思，那真是不应出现的缺憾。另外，也不要说些连自己都不太懂的话，或者使用自己也似懂非懂的词，如果搞错了，不但会使听者如坠云里雾中，而且还会贻笑大方。

（13）忌使用不文雅的字眼。服务人员在与同事或乘客交谈时，如语言粗俗并常常伴随不雅的口头禅，会使人反感。

（14）忌开玩笑没分寸。服务人员在与同事或乘客交流过程中适度地开玩笑，能够活跃谈话气氛，拉近彼此的心理距离。但是，如果交谈中开玩笑失去限度，也是十分不礼貌的。

二、玩笑忌讳

（1）忌男女无别。一般来说，女性对语言情境的承受能力比较弱，对男性无所谓的玩笑若放在女性身上，可能会使她们十分难堪。

（2）忌长幼无序。下级对上级、新员工对老员工等开玩笑时不能失去对长者的尊重，使之"下不来台"；上级对下级、老员工对新员工等开玩笑时也要注意充分尊重他们，不能过分。

（3）忌以人的缺陷短处为玩笑对象。人们往往对自身心理和身体上的缺陷分外敏感。服务人员如果开玩笑时以乘客的缺陷、短处当笑料，会深深刺伤乘客的自尊心。一旦失言，要向乘客真诚致歉。

（4）忌不分场合。庄严肃穆的场合忌开玩笑，工作时间不宜开玩笑；集会、仪式场合、同事间忌开玩笑。比较熟悉的人在一起开开玩笑是可以的，总与自己不熟悉的同事开玩笑，可能会触及你所不了解的隐私或缺陷，从而冒犯对方。

（5）忌举止轻浮。讲话时除非需要用手势来加强语气或表示特殊感情，否则忌无意义的举动。说话时手脚胡乱晃动，对人指指点点，同事间拍拍打打，手舞足蹈，举止轻狂，吐沫四溅均是极不礼貌的行为。

（6）忌要求乘客重复说过的话。由于自己注意力分散，要求别人重复说过的内容是不礼貌的行为。

（7）忌连珠发问。像倾泻炮弹般地连续发问，让人觉得你好奇心过重，以至难以应付。

（8）忌随便解释某种现象。不要轻率地下定义，借以表现自己内行。

（9）忌争论不休。不要就某个无关紧要的问题与上级、同事、乘客争论不休，甚至不欢而散。

三、城市公共交通服务忌语

城市公共交通服务人员在运用语言技巧，说好用好文明服务用语的同时，还要杜绝以下服务忌语：

（1）忌用不礼貌的称谓。

（2）忌说容易引起乘客反感的疏导用语，如："怕挤呀？打的去！""上不来下去，别挡着！""靠边点儿，别挡着！""往里，往里，快点！"

（3）忌说容易引发乘务矛盾的售验票用语，如"没钱补，自己不带零钱！""没卡赶紧买票，别逃票！""你刷卡了吗？"。

（4）忌说不文明的宣传用语，如"把烟掐了！""看车！看车！""快点！快点！磨蹭什么呢？"

（5）忌说容易激化矛盾的处理问题用语，如"就这态度，有能耐你告去，告到哪儿我都不怕。"

（6）坏车、晚点时忌说的不文明语言，如"车坏了，都下车！我们也没办法！""嫌慢，打的去！"。

（7）解答乘客询问时忌说"不知道，问别人去？""刚才不是告诉你了吗？怎么还问？真烦人！"

（8）乘客不遵守乘车秩序时忌说"干吗呢，别瞎挤，后边排队去！"

第五节　城市公共交通客运服务文明沟通技巧

良言一句三冬暖，恶语伤人六月寒。

乘务员在车厢这个特殊的空间内为乘客提供服务，主要是依靠语言来实现的，语言是乘务员与乘客进行交流、沟通的一座桥梁。俗话说"话有三说，以巧说为妙"，语言运用得是否恰当，直接影响交流的效果，乘务语言是在服务过程中，乘务员借助一定的语言、语调、行为、手势，与乘客进行交流的一种比较规范、文明、灵活的工作用语。文明使用乘务语言，可以使信息传播渠道畅通，也是调整乘客情绪、解决矛盾的"润滑剂"，有人曾形象地说乘务语言可以是导火素，也可以是灭火器。

在对乘客的调查中显示，乘务语言是乘客对公交服务质量评价的重要指标之一，在服务过程中，语言适当得体、清晰、悦耳，会使乘客有愉快、亲切之感，对乘务员与公交的服务工作产生良好的印象；反之，服务语言生硬、唐突、刺耳，会让乘客难以接受，还有可能引起乘客的不满与投诉，对企业形象造成严重影响。因此，乘务员掌握一定的语言艺术，既有利于加强乘务员与乘客的情感沟通，减少误解，又可以树立城市公共交通服务人员良好的职业形象，提高企业声誉。

一、交谈技巧

交谈是人们交流思想和感情的重要手段，也是学习知识、增长才干的重要途径。掌握交谈的技巧，提高交谈的语言艺术，对提高服务水平和工作效率起着极为重要的作用。下面以公交乘务员为例进一步说明交谈技巧的重要性。

公交乘务员作为窗口行业从业人员，其言行不仅代表个人，也代表整个企业的形象，甚至是省会城市形象，所以，他们在工作中要注意语言技巧，不说不文明语言，应用热情、耐心的语气，得体的语言为乘客服务。

（一）交谈的重要原则

（1）表情自然。
（2）恰当地称呼他人。
（3）及时肯定对方。
（4）态度诚恳，语气亲切，语言得体。
（5）注意语速、语调和音量。
（6）与人保持适当的距离。
（7）尊重对方，真诚待人。

（二）交谈的注意事项

（1）谈话要切题，不可信口开河、废话连篇，一再重复同样话语。
（2）不要在社交场合高声辩论，也不要当面指责对方。
（3）勿触怒别人，勿侵犯他人的隐私。
（4）注意倾听。
（5）多用肯定语言。
（6）不要出言不逊，恶语伤人。
（7）切忌与人谈话时左顾右盼，注意力不集中。
（8）多使用商量的口吻。
（9）讲话要留有余地，恰到好处。

二、恭维与赞美技巧

（一）适度的恭维是人际关系的润滑剂

每个人都渴望得到别人的赞赏，希望得到他人的好评。适当的恭维在人际关系中是必不可少的。服务人员在工作中学会赞美同事、乘客不仅是提高服务质量的需要，更是获得良好人际关系的需要。

（二）恭维不同于奉承

恭维与奉承的不同之处在于，赞美之词是否发自内心，有些人把赞美对方当成一种手段，为谋取某种好处到处"拍马屁"，给人戴高帽子，这种情形只需稍加留意，便容易识别。服务人员对乘客的赞美只要发自内心、真心诚意，自然会激起乘客心灵的反响，其根本性质在于发现和肯定他人的长处。

（三）给予乘客赞美

服务人员为更好地改善与乘客的关系，学习使用得当的语言，给予乘客得体适度的赞美是必须的，如"您的孩子真可爱"，这种赞美容易给乘客留下善解人意的印象。

（四）赞美的禁忌

（1）不符合事实。

（2）虚情假意。

（3）千篇一律。

（4）不合时宜。

三、答谢技巧

（一）答谢原则

（1）必须诚心诚意，发自内心，表示确实有感谢对方的真挚愿望，这样才能使"谢谢"这个词蕴含一定的感情和生命，"谢谢"听起来便不死板，不会令对方觉得这是一句单纯应付的客套话。

（2）要认真、自然，不要轻描淡写含糊地表达，不要为此觉得不好意思，应大方、清晰地表达谢意。

（3）应有明确的称呼，通过称呼被谢人的名字，使你的道谢专一化。如果你要感谢的是几个人，最好不要说声"谢谢大家"便完事，最好是一个个地向他们道谢，这样就会在每个人的心里引起反响和共鸣，促进感情的进一步交流。

（4）要选择适当时机答谢。

（5）使用适宜的身体语言，目光应注视着需要感谢的人。

（二）答谢禁忌

（1）忌虚情假意，刻板教条。

（2）忌手足无措，推三阻四。

（3）忌不看对象，千篇一律。

（4）忌卖弄口舌，夸夸其谈。

（5）忌空泛客套，华而不实。

四、致歉技巧

（一）常用致歉用语

（1）确认自己言行不当："失礼了！""对不起！""太不应该了！""给您添麻烦了！"

（2）请求对方谅解："请原谅！""请多包涵！""望海涵！""大人不记小人过，宰相肚里能撑船""请别介意。"

（3）告诉对方你此时的负疚心情："很抱歉""很惭愧""不好意思""过意不去""十分懊悔""深感不安"。

（4）对待他人的致歉，应以谦逊友好的态度回应："没关系！""别客气！""算不了什么！""您太谦虚了！""您太在意了！"

（二）不可过分谦虚

使用致歉语并不说明说话者真的在某件事上有什么过错，有时也可能是一种谦虚的礼貌表示。如许多人在公众面前发表演讲时会说："我讲得不好，请大家原谅。"这样的客套应掌握尺度，并不是随便把自己贬得一文不值就能够显出尊重别人。在西方一些国家，如果你在讲话中强调自己"讲得不好，定有许多不当之处"，听众多半会嗤之以鼻："明知自己讲不好，有错误，为什么还要浪费我们的时间呢？"再如，服务人员在乘务服务时，已为乘客提供了周到的服务却说："我的服务不好，请多包涵！"可能不但收不到礼貌的回复，还会适得其反。轻则使人莫名其妙，重则会使乘客生气："为什么不提供好的服务给我？"可见，致歉作为一种谦虚的客套时，不应超出必要的限度。

（三）认错不可夸张

怠慢或忤逆了乘客，致歉时不可言过其实。夸张到了失实的程度，不但难以使乘客领会你的用意，反而会造成误会和再度失礼。在乘务服务有过失的时候，不去实事求是地根据具体情况恰如其分地解释，而把错误夸张到极点，将自己说得一塌糊涂，致歉的态度有失诚恳，乘客是不会接受的。

（四）致歉应适可而止

只要乘客感受到你的歉意即可，忌不停唠叨，这样反而让乘客难堪。生活中常有这样的人，一旦由于自己的过错造成他人不愉快，便忐忑不安，放不下心来，一而再，再而三地提起此事。结果越是道歉，事情越麻烦。

五、戒掉不良口头禅

口头禅是指服务人员在与乘客交流时，下意识地、习惯地使语言显得拖沓、紊乱不流畅，令人不耐其烦。口头禅大多在无意识中不自觉地形成，它反映了服务人员身上某些修养的细节。要想给乘客留下彬彬有礼、谦逊而干练的美好印象，必须戒掉不良的口头禅。

在城市公共交通服务乘务语言应文雅、干净、利落。有些服务人员说话常带有口头禅,它属于不良语言习惯,应该戒除。归纳起来,口头禅不外乎以下 3 种:

(一)脏　语

说脏话会给人留下极其恶劣的印象,不仅降低了讲话者本人的身份和品位,还会使人反感。但是,在日常生活中,只要我们仔细观察就会发现,有相当一部分人有这种不良语言习惯,应该下功夫克服。

(二)傲语口头禅

"我告诉你说""我跟你讲""我觉得吧""你明白吗""是不是啊"等都属于傲语口头禅。它们往往只是说话者的一种语言习惯,在句子里没有实际意义,不表达任何情绪但反复出现。这种口头禅可能给乘客一种自以为是、盛气凌人、居高临下、轻视蔑视的感觉,使乘客心理上产生不舒服的感觉。

六、讲好普通话

(一)讲好普通话

严格地说,讲好普通话是乘务员应具备的基本职业素质之一,在为乘客服务时用标准的语言表达,可以让乘客更清楚,更畅达地理解你的意图,而不必陷于南腔北调、婉转别扭的口音迷雾中,不知所云。

(二)回避使用生僻的方言

方言都有一些特有的词,只在某一方言区使用,如"膝盖"在东北地区叫"波棱盖儿",在重庆叫"克西头儿","南瓜"有的地方叫"北瓜""倭瓜"等。比如,现代汉语中通用的动词"搞",过去曾是四川方言中的词语,由于它使用方便,在普通话里已被广泛地运用,如"搞学问""搞对象""搞活动""搞材料"……但是,方言中有的词比较生僻,出了方言区使用,往往使人听不懂。

(三)不可耻笑歧视地方口音

车厢内汇集着来自祖国各地的乘客,尽管大家习惯于用普通话进行交流,但有些人还是改不掉浓重的地方口音。事实上,任何一种口音都是自然形成的,在产生这种语言的本地都能正常地达到语言表达的目的。从这个意义上说,各种口音都是一样的。服务人员没有理由嘲笑持某地口音的人说话有这样或那样的"缺陷"。所以,在车厢服务时,服务人员之间忌私下以滑稽搞怪的心态互相模仿并嘲讽,这是极不道德的行为。

第四章

常用文明服务规范英语训练

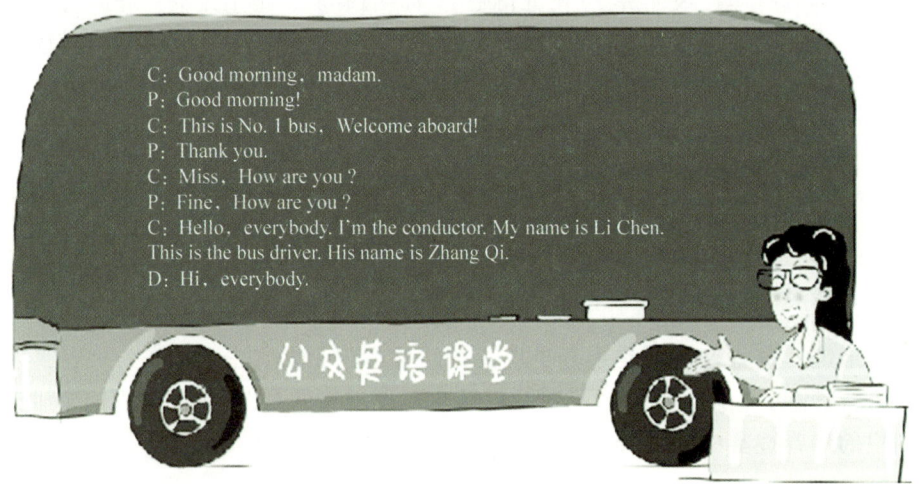

C：Conductor 乘务员　　P：Passenger 乘客　　D：Driver 驾驶员

第一节　常用语训练

一、问候 Greetings

Dialogue 1

C：Good morning, madam.

早上好，女士。

P：Good morning!

早上好！

C：This is No. 10 bus, Welcome aboard!

这是 1 路车。欢迎乘坐公交车！

P：Thank you.

谢谢。

Dialogue 2

C：Miss，How are you ？

小姐，你好吗？

P：Fine，How are you ？

我很好，你好吗？

C：I'm fine，too. Thank you!

谢谢，我也很好。谢谢！

二、介绍 Introduction

Dialogue 1

C：Hello，everybody. I'm the conductor. My name is Li Li.

大家好，我是乘务员。我的名字是李莉。

This is the bus driver. His name is Zhang Jin.

他是汽车驾驶员。他的名字是张进。

D：Hi，everybody.

大家好。

Welcome aboard our bus.

欢迎乘坐公共汽车。

P：Thank you.

谢谢。

Dialogue 2

C：My name is Wang Fang. I'm the conductor.

我叫王芳。我是乘务员。

This is the dispatcher. His name is Zhang Can.

这位是调度员。他叫张灿。

This is Miss Green. She is from Australia. She is a student.

这是格林小姐。她来自澳大利亚。她是一个学生。

D：Nice to meet you.

认识你很高兴。

P：Nice to meet you too.

认识你也很高兴。

三、感谢 Thanks

Dialogue1

C：Chongqing Hilton Hotel is near，do you need to get off at this stop?

重庆希尔顿酒店就在附近，您需要在这站下车吗？

P：Thanks for reminding me.

谢谢您提醒我。

C：You are welcome.

不客气。

Dialogue 2

C：Excuse me，you dropped your hat. Here you are.

您好，您的帽子掉了。给您。

P：Oh，thank you. It's very kind of you.

非常感谢您！你真是太好了。

C：It's my pleasure.

很乐意为您服务。

四、道歉 Apology

Dialogue 1

P：I want to go to the Long Tou Si station.

我想去龙头寺火车站。

C：I'm sorry，I didn't catch you. Could you say it again?

对不起，我没听懂。您能再说一遍吗?

P：No problem.

可以。

Dialogue 2

P：Can I catch the No. 1 bus here?

我在这能坐上一路车吗?

C：Sorry, could you say it slowly?
对不起,您能说慢点吗?

五、告别 Saying Good-bye

Dialogue 1

C：Good-bye!
再见!

P：Good-bye l
再见!

C：Welcome aboard my bus next time !
欢迎下次再乘坐我的车!

P：OK, I will.
好的,我会的。

Dialogue 2

C：See you !
再会!

P：See you !
再会!

C：Have a nice day !
祝您今天愉快!

P：You too.
也祝您愉快。

时间 Time

Dialogue 1

P：My watch didn't work. Could you tell me the time, please.
我的手表坏了,您能告诉我现在几点了?

C：It's seven now.
现在7点了。

P：Thank you very much.
非常感谢。

C：You're welcome.

不客气。

Dialogue2

P：Excuse me, what time is it now?

请问现在几点了？

C：It's half past six.

现在 6 点半。

P：My train leaves at seven twenty. I am afraid that I will miss my train.

我的火车 7 点 20 发车。我担心我赶不上火车。

C：Don't worry. Our bus will get to the railway station in ten minutes.

不用着急，我们的车 10 分钟内就能到火车站了。

Dialogue3

P：Excuse me, are there any buses now?

劳驾，请问现在还有车吗？

C：Sorry, it's late. The last bus departs at ten o'clock at night. It's already gone.

对不起，现在太晚了。末班车晚上十点半发车。车已经开走了。

C：Are there any night buses in Chongqing?

重庆有夜班车吗？

P：Yes, there are No.705 bus from 5 p.m. to 12 p.m. and No.701 from 10:45 p. m to 4:50 a. m.

我们有夜班车。705 路公交车从下午五点到晚上十二点运营。701 路公交车从晚上 22:45 到凌晨 4:50 运营。

第二节　乘车服务用语训练

一、迎送服务 welcoming and Seeing-off Service

（一）乘客们，你们好！前方到站×××站。请下车的乘客提前做好准备。

Dear passengers! The next station is ×××. People who will get off the bus, please get ready.

（二）乘客们，×××站到了！门边的乘客请不要靠近车门。请携带好自己的随身物品依次从后门下车，谢谢。

Dear passengers! We are arriving at ×××. For your safety, please do not get close to the door. Please take away your personal effects and leave from the back door in turn. Thank you.

（三）上车的乘客您好！请主动刷卡或自备零钞投币。请往车厢里面走。请坐稳，拉好扶手，头手请勿伸出窗外，注意安全。请发扬中华民族传统美德，主动给老弱病残孕和带小孩的乘客让座，谢谢。

Dear passengers! Please swipe your card or provide changes for dropping. For your safety, please move to the inside of the carriage. Please sit steadily, grip the handrail firmly, and do not reach your head or arms out of the window. Please promote the traditional Chinese virtue, and offer your seats to the aged, weak, sick, disabled, pregnant, and people with a child consciously. Thank you.

二、运行 On the bus

（一）上车 Getting on the bus

Dialogue 1

C：This is No. 48 bus, bound for Wild Life Zoo.

48路车，开往野生动物园。

Please allow these passengers to get off before you get on.

请先上后下。

Board the bus orderly, please.

请按顺序上车。

Dialogue 2

P：Excuse me, where is the bus bound for ?

请问，这车开往哪里？

C：It's bound for Chongqing Hotel.

这车开往重庆饭店。

（二）投币 Inserting coins

Dialogue 1

C：This is the No. 1 bus, bound for Chongqing Railway Station.

这是1路车，开往重庆火车站。

This is a self-service bus.

本车是无人售票车。

One yuan per person.

票价一元。

Put your money into the slot of the box, please.

请把钱投入投币箱。

Dialogue 2

C: This is the No. 426 bus, air-conditioning bus.

本车是426路，空调车。

Two yuan per person.

票价两元。

Please tender the exact fare.

请准备好零钱。

And no change will be given on this bus.

恕不找零。

Dialogue 3

C: Please insert your coin.Sir.

先生，请投币。

P: How much is the fare?

票价是多少呢？

C: One yuan per person.

票价一元。

C: The money you paid is not enough, please pay one yuan again.

您付的钱不够，请再投一元。

P: OK! I see.

好的，我知道了。

（三）刷卡 Swiping cards

Dialogue 1

P: Excuse me, what is wrong with my card?

请问一下，我的卡怎么啦？

C: It did not work, Madam.Please swipe your card again.

卡没刷上，请您再刷一次。

C：Sorry, your card has little money, cash please.

您的卡余额不足，请投钱。

P：One yuan or two yuan?

一元还是两元？

C：This is air-conditioning bus.Two yuan.

这是空调车，两元。

Dialogue 2

C：Good Evening!

晚上好！

P：Good Evening!

晚上好！

C：Your IC card doesn't work, cash please.

您的IC卡有故障，请投币。

P：All right!

好的！

（四）售票 Selling tickets

Dialogue 1

C：Any more fares?

还有要买票的吗？

P：A ticket to Xiaomiao.How much is the fare?

买张去小庙的票。车票多少钱？

C：Three yuan per person.

三元一张票

P：Here you are.

给你（钱）。

C：Thank you. And here is your ticket.

谢谢。这是你的票。

Dialogue 2

P：Can I take the bus free with my ID card.

我可以凭证件免费乘车吗？

C：Could you show me your ID card, please?

请出示你的证件。

P：Sure. Here it is.

行。这是证件。

C：OK.

好的。

（五）疏导 Persuasion

Dialogue 1

C：Please don't push!

请不要拥挤！

Lady first.

女士优先。

Dialogue 2

C：Please don't worry, we are waiting for you.

请别着急，我们会等您的。

P：Thank you very much.

非常感谢！

C：You are welcome.

不用谢！

Dialogue 3

C：Please be careful.

请注意安全。

Please hold fast and sit securely.

请坐稳扶牢。

Please keep your head inside the bus.

请不要把头伸到车外。

（六）车厢服务与提醒 Carriage service and reminder

1. Step aborad, please.

请上来吧。

2. Watch your step.

当心脚下。

3. Do you have change for the machine?

你有零钱投币吗？

4. 2 yuan, please. Drop it in the box here.

2元，投到这个盒子里去吧。

5. I cannot make change.

恕不找零。

6. Step behind the line.

站到线后。

7. Could you please move to the rear?

请您往后车厢走好吗？

8. Move to the rear, please.

请往后车厢走。

9. Move back, please.

请往后走。

10. There's plenty of room in back.

后面有许多空地方。

11. Do you want a transfer?

你要一张转车票吗？

12. You're going in the opposite direction.

你走反了方向。

13. You're going in the wrong direction.

你方向走错了。

14. You've got the wrong bus.

你坐错了车。

15. Keep your arms and head inside the bus.

请不要将胳膊和头伸向窗外。

16. Please exit through the rear door.

请从后门下车。

17. The bus is turning, please hold fast to the rings.

车辆转弯，请拉好扶手。

18. Sorry, the bus is full, take the next one, please, thank you.

对不起，车已满员，请你乘坐下趟车，谢谢。

三、导乘 Giving Suggestion

Dialogue 1

C：Don't push. The bus is full. Please wait for the next one.

不要挤了。车已经满员。请等下一辆车。

P：I'll be late for work.

我上班要迟到了。

C：Don't worry. The next bus will come in a minute.

不要着急，下一辆车一会儿就来。

Dialogue 2

C：Good morning!

早上好！

P：Good morning! How often does it run?

早上好！这趟车多长时间发一班？

每10分钟发一班车。

Dialogue3

C：you are in the wrong direction.

您方向坐反了。

P：It's terrible.

真糟糕！

C：Don't worry. You can take another bus across the street.

别担心！您可以到对面换乘。

P：Thank you! It's very kind of you.

谢谢，您真是太好了。

四、指路 Giving directions

Dialogue 1

P：Excuse me，could you tell me how to get to Chongqing Municipal Museum?

请问去重庆市博物馆怎么走？

C：Please take the No.901 bus.

请坐901路公共汽车。

P：Where should I get off?

我该在哪儿下车？

C：Please get off at the Chongqing Municipal Museum station.

请在重庆市博物馆站下车。

Dialogue2

C：Can I help you，madam?

女士，我能帮助你吗？

P：Yes. Which bus should I take for Hui Park?

去徽园我应该坐哪路车？

C； Take the No.226 bus please. Just wait for it here.

请坐226路公共汽车，就在这里等车。

P：Thanks a lot.

多谢。

C：It is my pleasure.

不用谢。

Dialogue 3

P：Excuse me，is there a post office nearby?

请问附近有邮局吗？

C：Yes，there is. Go straight and turn right at the first intersection. You will find one there.

您一直往前走，在第一个十字路口右转。那里有一家邮局。

P：How long does it take to walk there?

步行到那儿要多长时间？

C：Only five minutes.

只要5分钟。

五、安检查危 Security Check

（一）安全检查 Security Check

1. 早上好/下午好/晚上好，先生/女士，请出示您的证件。

Good morning / afternoon / evening，Sir / Madam，show me your credentials.

2. 请出示您的身份证。

Please show me your ID card.

3. 好了，请往里面走。

Ok，please go in/ahead.

4. 请在黄线外稍等。

Please wait behind the yellow line.

5. 请耐心等候。

Please be patient.

6. 对不起，这是员工通道。

Sorry, this is for staff only.

7. 您好，请把您的包放在传送带上。

Please put your baggage on the conveyor belt.

8. 很遗憾的告诉您，易燃品不能随身带上车。

I'm sorry to tell you that flammable items cannot be taken with you into the bus.

9. 这边请。

This way please.

10. 您可以尝下瓶中的液体吗？

Could you taste the liquid in the bottle?

11. 请注意！禁止携带任何违禁物品进入场馆。

Attention please! Don't take any forbidden things into the stadium.

12. 请过来接受检查。

Please come over for inspection.

13. 请走进来。

Come in, please.

14. 口袋里是什么东西？

What's in your pocket ?

15. 很抱歉告诉您，这是违禁品，您不能把它带上车。

I'm sorry to tell you that it is a prohibited item. You can't take it with you into the bus.

16. 我们得暂时扣留这些物品。

We have to detain these articles for the time being.

17. 请转身。

Turn around please.

18. 检查完毕，谢谢合作。

Checking is done, thank you for your cooperation.

19. 这些东西是违禁品，我们必须没收。这是给您的没收单据。

These items are forbidden by law and will have to be confiscated. Here is your receipt.

20. 这件物品我们暂存，请出来时拿着单据拿您的物品。

You could have it deposited temporarily, please take it back with the receipt when you come out.

21. 这是政府法规规定，为了您和他人的安全，我们需要您的理解与合作。

This is the government's rule. For your own safety and other passengers', we need your understanding and cooperation.

22. 您可以把镜头对着地面拍张照片吗？

Could you direct the lens toward the ground and take a picture?

23. 您可以将×××取出让我们检查吗？

Could you take ××× out of your bag inspection?

24. 您可以用笔在纸上写一下吗？

Could write on the paper with your pen, please?

25. 这是安检工作程序，请您理解。

This is regular check, please comply.

26. 请拿好您的行李。

You can take your baggage now.

27. 检查完毕，谢谢合作。

Checking is done, thank you for your cooperation.

28. 对不起，请不要在此滞留。请走那边，谢谢。

Excuse me, would you please not stay here? Please go that way first. Thank you.

29. 抱歉，你只能到那边等候。

I'm sorry you have to wait in the place over there.

30. 对不起，你需要接受安检。

Sorry, I have to remind you that you missed the security check.

（二）情景模拟 Scene Simulation

A：Could you open your bag for inspection? We detected something suspicious in your bag.

请您打开包接受检查，我们探测到您包中有可疑物品。

B：Yes, of course. Is there a problem?

当然，有什么问题吗？

A：What's this?

这是什么？

B：It's fruit knife.

这是把水果刀。

A：I'm sorry to tell you that it is a prohibited item. You can't take it with you into the venue.

很抱歉这属于违禁品，不能带入场馆。

B：Why?

为什么？

A：It is for everyone's safety and we have to confiscate it the time being. Please comply.

这是为了大家的安全，我们必须暂时没收它，请您配合。

B：Oh. Sorry. I don't know the regulations. What should I do?

不好意思。我不知道这个规定。我该怎么做？

A：We could keep it for you. But you must come back before5：00 pm.

我们可以帮你保管。但是，你必须下午五点前来取。

A：Or you can give it up.

要不，你就放弃。

B：Keep it，please.

保存。

A：Good. This is your receipt. Sign your name here，please.

好，这是你的收据。请在这签名。

B：Thank you.

谢谢。

A：My pleasure.

不客气。

（三）常用词 Useful words

security check 安全检查

X-ray machine X 光机

personal detector 人身检查

baggage search 行李检查

metal detector/security gate 安检门

detain 扣留

explosive article 易爆物品

inflammable article 易燃物品

forbidden article/contraband 违禁物品

metal objects 金属物品

dangerous article 危险物品

cigarette（cigar）香烟

identity card 身份证

mobile phone 手机

conveyor belt 传送带

lighter 打火机

laptop/ Portable computer 便携式电脑

dagger/knife 匕首/刀

gymnasium/venue 场馆

valuables 随身物品

wallet 钱包

pocket 口袋

bag 袋，包

chewing gum 口香糖

drink 饮料

mineral water 矿泉水

regulation 规定

take off 脱下

give up 放弃

detect 探测

confiscate 把……没收

contraband n.违禁品

belongings n.所有物，财产

lost and found 失物招领处

security personnel 保安人员

souvenir 纪念品

第三节　投诉及帮服用语训练

一、乘客投诉 Passenger Complaints

（一）投诉受理 Dealing with Complaints

1. I am terribly sorry to hear that

很抱歉听到这些。

2. What's the problem, sir? Can I be of assistance?

先生，出了什么问题？我能为您做些什么？

3. This is quite unusual. I will look into the mater.

这是很少有的，我会调查此事的。

4. I'm sorry, sir. Please excuse her. We are very busy today.

对不起，先生，请您原谅她，我们今天实在太忙了。

5. I'm sure everything will be right next time you come.

相信您下次来时一切都会让您称心如意。

6. Can you change the room for me? It's too noisy.

能给我换个房间吗？这儿太吵了。

7. I do apologize.

我向您道歉。

8. I'm awfully sorry, sir.

非常对不起，先生。

9. And if there is anything more you need, please let us know.

如果还需要别的什么东西，请告诉我们。

（二）情景模拟 Scene Simulation

A：Hello, this is Steven, I'm afraid I have to make a serious complaint.

你好，我是史蒂文，我要投诉。

B：Would you please give me the details, Mr. Steven?

能跟我说得详细一点儿吗？史蒂文先生。

A：Yes. I bought one card and added 50 yuan into my card at the Customer Service Center yesterday. I just couldn't use it today because the information showed that there wasn't enough money in the card. So I went to the Customer Service Center to ask what happened. But the ticket counter didn't give me any explains or help.

好的。昨天我在客服中心买了一张卡并且充值了 50 元。但是今天我用不了因为信息显示卡里余额不足。于是我去客服中心咨询怎么回事儿。但是票务员并没有给我任何解释或者帮助。

B：I'm very sorry to hear that, Mr. Steven. I can assure you that such things don't often happen.

非常抱歉，史蒂文先生。我敢保证这样的事儿不会经常发生。

A：I hope not. What are you going to deal with this?

我也希望如此。那你将会怎么处理此事呢？

B：I'll look into the matter as soon as possible and I believe I can give you a satisfied answer.

我会尽快调查并给您一个满意的答复。

A：All right.

好的。

B：Thanks for calling, Mr. Steven. If you have any further questions, please tell us at once.

谢谢您的来电，史蒂文先生。如果您还有任何问题，请立即告知我们。

A：Thank you. Good-bye。

谢谢。再见。

（三）常用词 Useful words

crowd 拥挤，挤满，挤进
Clear off 使……走开，清散
broadcasting 播放，广播节目
Instruction 指令，命令
Inconvenience 不便，麻烦
complaints 投诉
unhappy 不满意
apologize 道歉
a mess 一团糟
terribly sorry 实在抱歉
at once 马上
assistance 帮助
unusual 不寻常的
particular 挑剔的

二、失物招领 Lost and found

（一）失物招领流程 Lost and found process

1. 收到失物 Receive lost properties
2. 登记 Register
（1）收获人姓名、时间、地点

recipient's name，receiving time，receiving place.

（2）物品名称、颜色、数量、完好程度

Lost properties' name, color, number, state.

（3）失物编号

Lost properties' number.

3. 播报广播 Broadcasting

4. 认领 Withdraw

（1）核对失物信息

Check the information of lost properties.

（2）检查失物是否保存完好

Check whether it is still in it's original state.

（3）核对认领人身份

Check the identity of the claimant.

（4）填写失物认领表

Fill the blank of lost properties.

5. 保管 Safekeeping

（1）交接检查，每日签字

Check when transfer and sing the keeper's name everyday.

（2）发现问题及时上报处理

report to the leadership in time when discovering problems.

6. 移交派出所 Transfer to the Police Station

（1）每周五将未被认领的失物移交派出所

Every Friday we will transfer the lost properties to the Police Station if nobody claim.

（二）情景模拟 Scene Simulation

A：Excuse me. I've got a problem. I think I've lost my wallet.

劳驾，我出了点问题。我丢了皮夹。

B：Are you sure it's not in your bag?

您肯定包里没有吗？

A：Yes. I've looked for it.

没有。我已经找过了。

B：Why don't you check the Lost Property Office?

您为何不去失物招领处询问呢？

A：That's a good idea. Thank you.

好主意。谢谢。

A：Excuse me. I've got a problem. I can't find my luggage.

劳驾，我出了点问题。我丢了我的行李。

B：Why don't you check the Lost and Found Office?

您为什么不去事物招领处问一下呢？

A：Thank you very much.

非常感谢。

B：You're welcome

A：Good morning, how can I help you?

早上好，有什么可以帮您？

B：Oh, I lost my handbag yesterday and I was wondering if anyone pick it up and send it here.

昨天我丢了一个手提包，我想问问是不是有人捡到交给你们了？

A：I see, can you describe your handbag? For example, how big and what color is it?

我知道了，你能描述一下你的包吗？比如说大小、颜色之类的？

B：Well, my handbag is about the size of an ipad but a little bigger and it's black.

好的，我的手提包大约比IPAD稍微大点，是黑色的。

A：Ok, but we have a lot of black handbag here, so can you describe a little bit more?

好的，但是我们这里收到的有很多黑色的包，你能描述得再详细点吗？

B：Sure. There's a wallet and some paperwork in the bag, and the wallet is brown.

当然，里面有一个钱包和一些文书，钱包是棕色的。

A：Do you also remember what's inside the wallet?

你记得钱包里面有些什么吗？

B：Yes. There's my ID, my driver's license and some cash, about 40 dollars in it.

记得，有我的身份证、驾照还有大约40美元的现金。

A：That's enough information for me to find your handbag, will you please give two minutes to find it?

这些信息足够让我找到你的包了，你能给我两分钟让我找到它吗？

B：No problem. I'll just wait here on the bench. Thank you very much for your help.

没问题，我在椅子上等会儿。非常感谢你的帮助。

（三）常用词 Useful words

problem 麻烦，问题

think 认为

lost 丢失

purse 钱包（女用）

wallet 钱包（男用）

bag 包

watch 手表

purse 皮夹

suitcase 手提箱

file 文件夹

sure 确信

your 你的

look for 寻找

why 为什么

check 检查

idea 主意

the police station 警察局

the Lost Property Office 失物招领处

三、医疗救助 Medical Assistance

（一）紧急状况 Emergent situations

1. Please sit down for a rest.
请坐下休息会儿。

2. Do you feel better now?

你现在感觉好点儿了吗?

3. Shall I call an ambulance for you?

需要我为你叫救护车吗?

4. Calm down, please. She will be OK.

请冷静点儿,她会好的。

5. Time is life.

时间就是生命。

6. I can apply CPR.

我会做心肺复苏。

7. Please pass me the first aid kit.

请把急救箱递给我。

8. Get the extinguisher.

拿灭火器来。

(二)情景模拟 Scene Simulation

A:Help! Please!

请帮帮忙!

B:Please don't worry. What's the matter with him?

别紧张。他怎么了?

A:Oh, he suddenly faints. Please help him.

他突然昏倒了。请帮帮他。

B:Calm down, please Let me call an ambulance for him right now.

请冷静。我立刻为他叫救护车。

A:Hurry up.Thank you.

快点儿。谢谢。

B:OK. The ambulance is coming. Let him lie lower. Besides, we need to loosen his tie and collar.

好的。救护车快来了。把他放低点儿。另外,我们需要解开他的领带和领口。

A:That's very kind of you.

你太好了。

B:Time is life. Let me check for a pulse, and apply CPR for him.

时间就是生命。让我检查一下他的脉搏,为他做心肺复苏。

A：I really appreciate.
我太感激了。

B：It's my pleasure.
这是我该做的。

A：Excuse me，do you have a band-aid?
不好意思，请问你有创可贴吗？

B：Yes，what happened?
有的，发生什么事儿了？

A：My son had a cut on his hand.
我儿子划破手了。

B：Oh, give me a minute，I will get the First Aid Kit for you right away. OK，here you are.
噢，给我一分钟。我立刻找急救箱。好了，给你。

A：Thank you.
谢谢。

B：May I know the details of the incident?
我可以知道事故的细节吗？

A：Well，my son fell down when take the escalator.
我儿子坐自动扶梯的时候跌倒了。

B：Please be more careful next time，especially on a escalator.
下次小心一点儿，特别是在扶梯上。

A：OK，I will.
好的，我会的。

Useful words：
CPR 心肺复苏术
Ambulance 救护车
Collar 领口
Calm down 冷静
Pulse 脉搏
Band-aid 创可贴
First aid kit 急救箱

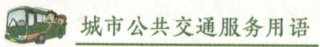

城市公共交通服务用语

四、应对突发事件 Dealing with an emergency

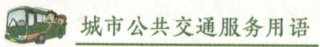

（一）情景模拟 Scene Simulation

C：There is something wrong with the bus.
车出了点状况。
Please keep calm.
请大家保持冷静。
Exit in an orderly fashion please.
请有序下车。
I'll take you to catch the later buses.
我会带你们乘坐后面的车。

C：Excuse me, is there anything wrong with you?
请问，您有什么困难吗？
P：I'm not feeling well.
我感觉不太舒服。
C：Should I take you to the hospital?
需要我带您去医院吗？
P：No, thank you. I'll be all right after a good rest.
不用了谢谢，我歇一会儿就会好的。

C：The engine is on fire!
发动机冒烟了。
Please get off the bus quickly.
请大家快速下车。

Take care of your belongings.
带好自己的行李。
And let the elders and children go first please.
请让老人小孩先走。

（二）常用词 Useful words

emergency 紧急情况、突发事件
engine 发动机

五、提供信息 Providing information

（一）情景模拟 Scene Simulation

P：How many more stops to Chongqing Department Store?
到重庆百货大楼还有几站？
C：There are six more stops after this one.
过了这站还有六站。
P：Could you please tell me when we arrive there?
到站时请告诉我好吗？
C：Sure，I will.
当然，我会的。
P：You are so kind!
您真是太好了！

P: Does this bus go to Swan Lake?

这车去天鹅湖吗?

C: Yes, it does.

去天鹅湖。

p: Do I need to change somewhere?

我需要在什么地方换车吗?

C: No, you don't. This bus can get there directly.

不用,这车直达那儿。

C: I'm afraid that you're got on the wrong bus.

您上错车了。

P: Which bus should I take then?

那我应该乘几路车?

C: You should change to the No.148 bus at the next stop.

您应在下一站换乘148路车。

P: Thank you very much.

太感谢了。

C: My pleasure.

不客气。

P: I want to go to Da Shu Mountain.

我想去大蜀山。

C: I'm sorry, but you are going in the opposite direction.

很遗憾,你乘坐的方向反了。

P: Really? What shall I do then?

真的吗?那我该怎么办?

C: Please get off at the next stop. Cross the street and take the bus of the same route.

请在下一站下车。过马路乘坐相同线路的公交车。

(二)常用词 Useful words

department Store 百货商店

directly 直接地

opposite 相反的

六、提供帮助 Offering help

（一）情景模拟 Scene Simulation

C：Do you need any help?
您需要帮忙吗？

P：My luggage is so heavy.
我的行李太重了。

C：Let me carry it for you.
我来帮您提。

P：It's very kind of you.
您真是太好了。

C：My pleasure.
别客气。

C：What can I do for you?
我能帮你些什么？

P：I can't find my purse.
我找不到我的钱包了。

C：Don't worry. I'll help you find it.
别担心，我帮您找。

P：Thank you very much.
非常感谢！

C：You are welcome.
不客气。

C: Could someone give your seat to this lady with a baby?
哪位乘客能把座位让给这位带婴儿的女士？

P: Come and sit here please.
请坐这里。

C: Thank you very much.
非常感谢。

P: It's my pleasure.
不客气。

（二）常用词 Useful words

heavy 重的
seat 座位

附录 Appendix1

文明用语

1.	您好	Hello
2.	早上好	Good morning
3.	下午好	Good afternoon
4.	晚上好	Good evening
5.	明天见	See you tomorrow
6.	很高兴见到你	Nice to meet you
7.	劳驾或请问	Excuse me
8.	抱歉或对不起	Sorry
9.	谢谢	Thank you
10.	没关系	Not at all
11.	好的	It's OK
12.	请等一下	Wait for a moment
13.	再见	Goodbye
14.	请坐	Sit down please
15.	不要紧	Never mind
16.	别客气	You're welcome
17.	乐意为你服务	It's my pleasure
18.	欢迎您来重庆	Welcome to Chongqing

公交线路

0 zero、1 one、2 two、3 three、4 four、5 five、6 six、7 seven、8 eight、9 nine、10 Ten、11 eleven、12 twelve、13 thirteen、14 fourteen、15 fifteen、16 sixteen、17 seventeen、18 eighteen、19 nineteen、20 twenty、30 thirty、40 forty、50 fifty、60 sixty、70 seventy、80 eighty、90 ninety、100 one hundred

1 路车 No.1 bus 读作：Number One bus

15 路车 No.15bus 读作：Number Fifteen bus

138 路车 No.138 bus 读作：Number One Three Eight bus

也可读作：Number One Thirty-eight bus

234 路车 No.234 bus 读作：Number Two Three Four bus

也可读作：Number Two Thirty-four bus

801 路车 No.801 bus 读作：Number Eight Zero One bus

902 路车 No.902 bus 读作：Number Nine Zero Two bus

城市公交术语

一、一般术语

1. 城市公共交通 urban public transport

2. 公共交通方式 public transport modes

3. 公共交通工具 public transport means

4. 客运 passenger transport

5. 乘客 passenger

6. 快速公共交通（BRT）Bus Rapid Transit

7. 城市快速公共交通系统 urban rapid transit systems

8. 公共交通优先 public transport priority

二、公共交通线路

9. 公共交通线路 public transport line

10. 线网优化 line network optimization

11. 市区线路 urban line

12. 郊区线路 suburban line

13. 昼夜线路 day and night line

14. 夜间线路 night line

15. 高峰线路 peak-hour line

16. 快车线路 express line

17. 公交专用道路 public transport exclusive way

18. 公交专用车道 public transport exclusive lane

三、公共交通车站

19. 公共交通车站 stop of public transport

20. 站名 stop name

21. 站牌 stop board

22. 起点站 origin station

23. 终点站 destination station

24. 沿途站 stop

25. 调度站 dispatch station

26. 首站 origin station

27. 末站 terminal

28. 换乘站 transfer stop/station

29. 枢纽站 transfer hub

30. 港湾式车站 bus bay

31. 岛式车站 island stop

32. 站台 platform

四、公共汽车类型

33. 公共汽车 bus

34. 双层公共汽车 double-deck bus

35. 空调公共汽车 air-conditioning bus

36. 压缩天然气公共汽车（CNG）Compressed Natural Gas bus

37. 液化天然气公共汽车（LNG）Liquefied Natural Gas bus

38. 市区公共汽车 urban bus

39. 城郊公共汽车 suburban bus

40. 混合动力汽车（HEV）Hybrid Electric Vehicle

41. 可充电混合动力车辆（PHIV）Plug-in Hybrid Vehicle

五、车内服务设施及相关参数

42. 车厢 carriage

43. 客座 passenger seat

44. 车内通道 passage

45. 路牌 line number plate

46. 投币机 slot machine

47. 电子收费机 electronic toll collection

48. 扶手杆 handrail

49. 拉手环 pulling ring

50. 电脑报站器 computer-controlled speaker

51. 报站显示屏 display screen in carriage

52. 车厢空调 air-conditioning device in carniage

53. 车用监视设备 monitoring device in carniage

54. 车门防夹装置 anti-nip device

六、公共交通信息系统

55. 智能调度系统 intelligent dispatching system

56. 电视监视系统 TV monitoring system

57. 出行信息查询系统 travel information inquiry system

58. 车辆定位 vehicle positioning

59. 公交电子地图 electronic map for public transport

60. 线路调度 route dispatching

61. 调度中心 dispatch center

62. 电子站牌 electronic stop board

63. 公交优先信号系统 priority signal system of public transport

七、公共交通运营

64. 居民出行 resident trip

65. 出行方式 trip mode

66. 公共交通出行 public transport map

67. 客流 passenger flow

68. 高峰时间 peak time

69. 早高峰 morning peak

70. 晚高峰 evening peak

71. 客流调查 passenger flow survey

72. O-D 调查 origin-destination survey

73. 随车客流调查 passenger flow survey on vehicle

74. 驻站客流调查 passenger flow survey at stop（station）

八、运行及调度

75. 运行 operation

76. 运营调度 operation dispatch

77. 直达车 direct vehicle

78. 高峰车 peak vehicle

79. 加班车 extra vehicle

80. 机动车 reserved vehicle

81. 首班车 first run vehicle

82. 末班车 final run vehicle

83. 正点 on schedule

84. 晚点 behind schedule

85. 下行 downward run

86. 上行 upward run

87. 运营时间 operation time

88. 单程时间 single-trip time

89. 停站时间 dwell time

九、票务

90. 票务 ticketing

91. 车票 ticket

92. 票价 fare

93. 票制 fare structure

94. 票类 fare ticket category

95. 读卡机 reader

96. 无人售票 one-person operation

97. 公交一卡通 card for public transport

98. 免费乘车 free riding

十、安全与服务

99. 运营安全 operating safety

100. 客运服务 passenger transport service

101. 服务质量 service quality

102. 服务用语 service terms

103. 服务热线 service hot line

104. 服务态度 service attitud

105. 服务设施 service facilities

106. 服务标志 service sign

107. 车况 vehicle condition

108. 车容 vehicle appearance

109. 甩客 denial of passenger

100. 甩站 skip stop

101. 滞站 delay at stop

112. 文明服务 civilized service

113. 文明乘车 civilized boarding

114. 乘务纠纷　dispute in service

115. 乘客投诉　passenger appeal

116. 乘客满意度　satisfaction level of passenger

十一、交通规则

117. 交通规则　traffic regulation

118. 路标　guide post

119. 里程碑　milestone

120. 红绿灯　traffic light

121. 自动红绿灯　automatic traffic signal light

122. 交通岗　traffic post

123. 岗亭　police box

124. 交通警　traffic police

125. 打手势　pantomime

126. 单行线　single line

127. 双白线　double white lines

128. 双程线　dual carriage-way

129. 斑马线　zebra stripes

130. 划路线机　traffic line marker

131. 交通干线　artery traffic

132. 车行道　carriage-way

133. 辅助车道　lane auxiliary

134. 双车道　two-way traffic

135. 自行车通行　cyclists only

136. 单行道　one way only

137. 窄道　narrow road

138. 潮湿路滑　slippery when wet

139. 陡坡　steep hill

140. 不平整路　rough road

141. 弯路　curve road；bend road

142. 连续弯路　winding road

143. 之字路　double bend road

144. 之字公路　switch back road

145. 下坡危险　dangerous down grade

146. 道路交叉点　road junction

147. 超速　excessive speed

148. 速度限制　speed limit

149. 恢复速度　resume speed

150. 禁止通行　no through traffic

151. 让车道　passing bay

152. 回路　loop

153. 安全岛　safety island

154. 停车处　parking place

155. 只停公用车　public car only

156. 禁止停车　restricted stop

157. 禁止滞留　restricted waiting

158. 临街停车　parking on-street

159. 街外停车　parking off-street

160. 街外卸车　loading off-street

161. 小心行人　caution pedestrian crossing

162. 小心牲畜　caution animals

163. 前面窄桥　narrow bridge ahead

164. 拱桥　hump bridge

165. 铁路道口　level crossing

166. 交通管理　traffic control

167. 人山人海　crowded conditions

168. 交通拥挤　traffic jam

169. 水泄不通　overwhelm

170. 让路　give way

171. 交通肇事　committing traffic offence

172. 执照被记违章　endorsed on driving license

173. 危险驾驶　dangerous driving

174. 粗心驾车　careless driving

175. 无证驾驶　driving without license

176. 未经车主同意　without the owner's consent

177. 无第三方保险　without third-party insurance

178. 安全第一　safety first

179. 轻微碰撞　slight impact

180. 相撞　collided

181. 连环撞　a chain collision

182. 撞车　crash

183. 肇事逃逸司机　hit-run driver

184. 此路不通　blocked

185. 禁止驶入　no entry

186. 禁止超越　keep in line；no overhead

187. 禁止掉头　no turns

常用餐饮词汇

1. 白灵菇扣鸭掌　Mushrooms with Duck Webs

2. 拌豆腐丝　Shredded Tofu with Sauce

3. 白切鸡　Sliced Boiled Chicken（Served with Soy Sauce，Ginger Sauce or Ginger and Scalion Sauce）

4. 拌双耳　Tossed Black and White Fungus

5. 冰梅凉瓜　Bitter Melon in Plum Sauce

6. 冰镇芥蓝　Iced Chinese Broccoli with Wasabi

7. 朝鲜辣白菜/朝鲜泡菜　Kimchi

8. 陈皮兔肉　Tangerine-Flavored Rabbit Meat

9. 川北凉粉　Tossed Clear Noodles in Chili Sauce

10. 夫妻肺片　Couple's Sliced Beef in Chili Sauce

11. 干拌牛舌　Ox Tongue in Chili Sauce

12. 酱香猪蹄　Pig Feet in Brown Sauce

13. 酱肘花　Sliced Pig Knuckle in Brown Sauce

14. 凉拌金针菇　Golden Mushroom with Vegetable

15. 卤水拼盘　Assorted Marinated Meat

16. 麻辣肚丝　Shredded Pork Tripe in Chili Sauce

17. 蜜汁叉烧　Honey-Stewed BBQ Pork

18. 明炉烧鸭　Roast Duck

19. 泡菜什锦　Assorted Pickles

20. 酸甜泡菜　Sweet and Sour Pickled Vegetables

21. 泡椒凤爪　Chicken Feet with Pickled Peppers

22. 皮蛋豆腐　Tofu with Preserved Eggs

23. 烧椒皮蛋　Preserved Eggs with Chili

24. 酸辣蕨根粉　Hot and Sour Fern Root Noodles

25. 剁椒鸭肠　Duck Intestines with Chili

26. 糖拌西红柿　Tomato Slices with Sugar

27. 鲍汁扣东坡肉　Braised Dongpo Pork with Abalone Sauce

28. 百叶结烧肉 Stewed Pork Cubes and Tofu Skin in Brown Sauce
29. 川味小炒 Shredded Pork with Vegetables, Sichuan Style
30. 东坡方肉 Dongpo Pork
31. 冬菜扣肉 Braised Pork with Preserved Vegetables
32. 方竹笋炖肉 Braised Pork with Bamboo Shoots
33. 干煸小猪腰 Fried Pig Kidney with Onion
34. 干锅排骨鸡 Griddle Cooked Spare Ribs and Chicken
35. 回锅肉片 Sauteed Sliced Pork with Pepper and Chili
36. 木耳肉片 Sauteed Sliced Pork with Black Fungus and Eggs
37. 京酱肉丝 Sauteed Shredded Pork in Sweet Bean Sauce
38. 糖醋排骨 Sweet and Sour Spare Ribs
39. 鱼香肉丝 Yu-Shiang Shredded Pork（Sauteed with Spicy Garlic Sauce）
40. 尖椒炒肥肠 Sautéed Pork Intestines with Hot Pepper
41. 泡萝卜炒肉丝 Sautéed Shredded Pork with Pickled Turnip
42. 川式红烧肉 Braised Pork, Sichuan Style
43. 蚂蚁上树 Sautéed Vermicelli with Spicy Minced Pork
44. 水煮牛肉 Sliced Beef in Hot Chili Oil
45. 酸辣蹄筋 Hot and Sour Beef Tendon
46. 烤全羊 Roasted Whole Lamb
47. 辣子鸡 Sautéed Diced Chicken with Chili Pepper
48. 馋嘴蛙 Sautéed Bullfrog in Chili Sauce
49. 笼仔剁椒牛蛙 Steamed Bullfrog with Chili Pepper
50. 泡椒牛蛙 Sautéed Bullfrog with Pickled Peppers
51. 山城血旺 Sautéed Eel with Duck Blood Curd
52. 香辣虾 Fried Shrimps in Hot and Spicy Sauce
53. 剁椒鱼头 Steamed Fish Head with Diced Hot Red Peppers
54. 虎皮尖椒 Pan-Seared Green Chili Pepper
55. 麻婆豆腐 Mapo Tofu（Sautéed Tofu in Hot and Spicy Sauce）
56. 酸辣粉 Hot and Sour Rice Noodles
57. 四川凉面 Cold Noodles, Sichuan Style
58. 担担面 Noodles in Chili Sauce, Sichuan Style
59. 豆腐脑儿 Tofu Pudding
60. 生煎锅贴 Guotie Stuffed with Pork

第五章

常用文明服务规范手语训练

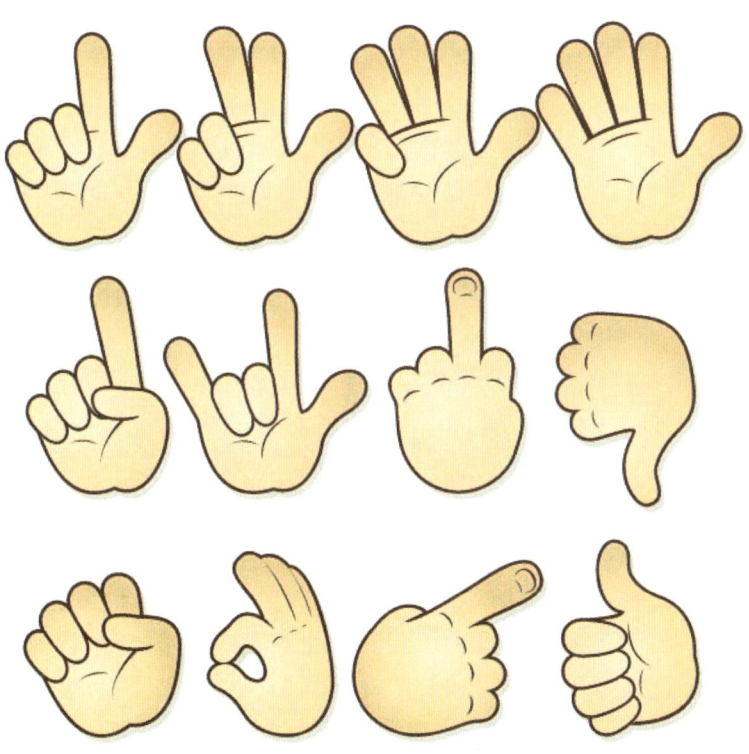

图 5.1　手语

人类最初的语言并不是常见的有声音的语言，而是无声语言的一种，即手势语言。美国学者摩尔根在他的《古代社会》中讲道："姿势语言是野蛮的原始时代的主要发明与贡献。"他在这里讲的"姿势语言"，实际上就是我们现在所说的手语。

手语历史悠久，它源于聋哑人士交际需要，是在劳动中产生，随着社会的发展而发展的。手语伴随着语言一起成长依赖于社会和语言的发展，同时受到社会和语言的制约。

第一节　手语概述

一、手语的概念

手语是以手的动作、身体姿势及表情进行思想交流的工具。根据手势的变化模拟形象或者音节以构成一定意思或词语，分手势语和手指语两种，常结合使用。使用时须和口语、书面语等其他语言形式配合。

（一）手指语

手指语简称指语，它以指式代表拼音字母进行拼写，表达意思，是聋哑人士交流的一种语言工具。它以种种手指指式代表一个个拼音字母，称为手指字母，用手指字母按拼音的顺序依次拼打出词语的音节进行思想交流。

（二）手势语

手势语是用手的动作、面部表情以及身体姿势来表达意思、进行思维的一种工具，俗称"哑语"。"手势语"常与"手语"一词通用，但其内涵小于"手语"。

二、手语的发展历程

古代就有手语的存在，并非专为聋哑人所用，古人靠手语来进行交流，而后才慢慢产生语言。古人以打猎耕种为主，社会上需要遵循的规则也少，因此聋哑人较能适应生活，但文化发达后社会进步，抽象的符号也多了，为了适应社会生活，只好借用手语来表达和沟通情意了。

（一）中国手语发展情况

研究、推广手语的职能最初由原中国盲人聋哑人协会负责。1988年中国残疾人联合会成立，原中国盲人聋哑人协会并入中国残联，该职能自然转由中国残联履行。1995年，国务院"定职能、定机构、定编制"方案明确了中国残联负责研究、推广手语的职能。2001年，中央机构编制委员会办公室《关于印发〈中国残疾人联合会机关主要职责、内设机构和人员编制方案〉的通知》再次明确中国残联教育就业部承担"负责盲文、手语的研究与推广"的职能。

1. 20 世纪 50 年代至 1988 年

手语是聋哑人士表达思想、进行交际的工具。由于我国地域辽阔，存在众多的地方手语，给聋哑人士之间交流带来了不便。确定规范和统一的手语，对于保障其"平等、参与、共享"的权利具有至关重要的作用。从 20 世纪 50 年代开始，我国就开始手语的规范和统一工作：

1959 年，当时的中国盲人聋哑人协会整理修订了《聋哑人通用手语草图》，报请原内务部、教育部、原中国文字改革委员会批准试行，先后共出版了 4 辑、含 2000 个手势图示。

1960 年，原内务部、教育部、原中国文字改革委员会批转中国盲人聋哑人协会"关于修订聋人通用手语工作方案"的通知，提出了修订通用手语的原则，即手语与现实生活相一致的原则，手势与手指字母相结合的原则，手语与口头语、书面语相一致或接近的原则，保持形象化和清晰易辨的原则，要求各地在试行期间应向聋哑群众宣传通用手语的重要性，同时，并应说明，推行通用手语并不排除地方手语，两者可以并存。

1979 年，原中国盲人聋哑人协会在草图的基础上重新绘图，又出版了两辑的《聋哑人通用手语图》，1982 年讨论和制定了 640 个新词手势动作，并由民政部、教育部、原中国文字改革委员会批准试行和推广。

中国盲人聋哑人协会联合有关部门先后召开过四次手语工作会议，为制定规范统一的通用手语做准备。

2. 1988—2001 年

1988 年，中国残联成立以后又组织专家在原有手语研究的基础上，结合有声语言和手指语的使用，编辑出版了统一规范的《中国手语》，1990 年又编辑出版了《中国手语（续）》，这已成为我国手语规范、统一成果的具体体现。

自 20 世纪 80 年代以来，在国家制定的历次残疾人事业五年工作纲要中，在国家教育行政部门有关聋哑教育的文件中，多次提出要推行和使用中国手语，明确以规范统一的"中国手语"作为我国官方推广的通用手语。1991 年，民政部、原国家教育委员会、国家语言文字工作委员会、中国残疾人联合会共同下发《关于在全国推广应用〈中国手语〉的通知》(〔1991〕残联宣字第 138 号)，提出在公共场合、学校教育教学方面必须使用《中国手语》，高校特教专业应将《中国手语》列为教学内容等要求。在这期间，由中国残联和中国聋人协会举办的国家级手语培训班达 4 期，培训手语翻译数百人。同时，各级残联也举办了不同层次的中国手语培训班，培养了相当数量的手语翻译人员。

3. 2001 年至今

为适应新形势需要，中国残联教育就业部和中国聋人协会于 2001 年 7 月，共同委托北京师范大学特殊教育研究中心，组织了由聋协主席、聋人代表、手语专家、聋校教师共同组成的中国手语修订专家小组对原《中国手语》进行修订。整个修订工作，历时近 2 年，最终于 2003 年 5 月完成并出版发行。开展全国性问卷调查。为充分了解各地对手语研究和推广的意见和建议，2004 年 6 月中国残联教育就业部和中国聋人协会又在全国范围进行问卷调查，广泛地征求了特教学校聋哑学生、社会成年聋哑人、聋校教师、手语翻译以及热心学习手语的健听人对手语研究与推广工作的意见。调查数据显示：不同被调查者均认为当前和今后一个时期首要工作为继续解决手语统一和规范问题，特别是手语为教学服务、手语拼打规则研究和手语词汇丰富问题；近 80% 的被调查者同意将《中国手语》作为全国统一、规范的聋哑人手语加以推广；有 80% 的被调查者认为《中国手语》推广存在的主要问题是没有系统培训和宣传不够；被调查者普遍认为将聋哑学校师生作为推广中国手语的重点对象，更有 80% 被调查者建议在聋哑学校开设手语课程。

（二）世界手语发展情况

四百多年前，法国一位伟大的聋人教育家德雷佩神父，为了需要，自己创造发明手语以利管训工作。1760 年，他的收容所改为国立聋校，他被任命为第一任校长，他的助手认为应该编手语字典，也花了很多时间致力手语编辑工作，可惜手势太复杂，不能广泛使用，何况一个字有时往往需要用许多手势方能解释清楚，尤其抽象的表达更难，所以在 1880 年后只好改用口语法教学。16 世纪以前没有正式承认手语。意大利医生 Girolamo Cardano 尝试开发一些手势符号，但是没有成功，他才认识到家庭自制手势是听障人士交流的唯一方式。他的尝试为听觉障碍者铺开一条道路：交流是可能的，他们虽然听不到，这不意味着他们无法与人交流。同一时期，西班牙僧侣开始编制一套标准手势，试图使手势的形状与文字外形相似。18 世纪，法国人莱佩创办了第一所公立聋校，并设计了一些文法功能手势，采用文字写作、打手势、指拼单词来教育聋童，成效显著。20 世纪，语言学研究员 William Stokoe 博士宣告美国手语是正式的语言。世界范围的其他手语的研究也得出相似的结论：许多手语都具有自己的一系列语言规则。

三、手语的作用

我国现有聋哑人士两千多万，他们要在社会中求得生存和发展，更好地学习与工作，就需要一种适合相互交流的语言工具——手语，这样他们才能和健全人沟通，实现无障碍交流，手语的作用主要如下：

第一，聋哑人士交流只是用一些手势语，因为他们听不到声音，不能讲话，只能用眼睛看，所以他们主要是用双手的不同动作（包括身体、动作、表情）来构成一定的意思。手语是他们进行交际和交流思想的主要工具。

第二，手语翻译用途广泛，医务、金融、旅游、社区等都需要手语翻译。聋哑人士尤其在就医方面、办理银行业务方面沟通障碍比较大。

第三，学手语并不只是便于与听障人士沟通，正常人之间也可以使用，比如在声音嘈杂的公共场所用手语沟通会更加方便

四、手语的基本要素

手语是聋哑人士重要的交际工具，要想更高效地学习和掌握手语，对手语基本要素的学习和掌握显得尤其必要。就像有声语言中的语音一样，手语中的语形相当重要，构成它的基本要素是手形、位置、动作、方向、表情姿态等。

（一）形　状

参照《中国手语》的词汇对手语的手形进行分类，按指头组合大致可以将手形分为六类：

（1）一个手指伸屈，如数字"1"。

（2）两个手指伸屈，比如数字"8"。

（3）三个手指伸屈，如"除号"，就是拇指、食指加中指，搭成"÷"的形状。

（4）四个手指伸屈，如字母"B"。

（5）五个手指伸屈，如"捻"这个动词，就是由五个手指相互捻动的手形。

（6）拳，如字母"M"的指式。按手指屈指的形状来分类，就会有握拳、平掌、手指头伸开、手指屈、手指圆环形等。

（二）位　置

举个例子，表示加减的"加"，这个手势是拇指与食指交叉，它只能自然放在面部前方，并保持与身体的一定距离。倘若将这一手势符号贴在额头，则表示"医生"的意思；若放在胸前，则表示"基督教"的意思了。再比如"干"的手势，左手食、中指与右手食指搭成"干"字，如果放在肝区这个地方就变成了肝脏的"肝"。因此，手形位置的改变会使该符号所表达的意义发生相应的改变。

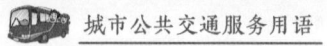

（三）动　作

手的动作就是打手语时的动作的组合、速度、力量等。比如"Y"这个手形，加上不同的动作可表示"来""去"，而停顿则表示"到"。又如中国手语中的"买"和"卖"就仅仅是因为手运动的方向相反而表达了相反的意思。正因为手语有了不同的动作，才会让人觉得手语很有活力，有美感，而要想将手语的活力表现出来，就需要我们有正确的节奏感，使我们的手势动作连贯、流畅、轻松自如。

（四）方　向

手语的方向要素由它的动作要素决定，每个动态的手势都是一个动作，而做每一个动作都必然有方向。比如"帮助"的手势是双手作掌形，手心向前，置于胸前，前后微动。如果这个动作手背对着谁，就意味着"由此人帮助"，手心对着谁，就意味着"帮助此人"。提供帮助者和接受帮助者都完全依"帮助"这一动作的方向来给予区分。

（五）表情姿态

在人与人的交流中，面部表情及人的姿态发挥着重要的作用。手语中，面部表情和姿态更是不可或缺的一个重要方面。当然，表情姿态的作用不但体现在具体的手势中，更多的是在交流过程中，通过不同的表情姿态能准确地表达个人的喜怒哀乐，在交流思想感情的过程中有着不可或缺的功效。

第二节　手语类型

城市公共交通服务人员为了更好地为广大乘客服务，适当地学习一些特殊语言作为交流工具是十分必要的，尤其是手语知识。因为聋哑人乘车非常不方便，如果我们能够与他们交流并给予特殊照顾，就会给他们带来温暖与方便，进一步提高服务水平，更好地塑造企业的良好形象。

聋哑人表达思想，进行社会交往使用的是手语，手语包含了手指语和手势语。

手指语简称指语，是用手指指式表示汉语拼音字母，按拼音顺序依次拼打，表达词义，是辅助手势语表达思想的方式。如图5.2、图5.3所示：

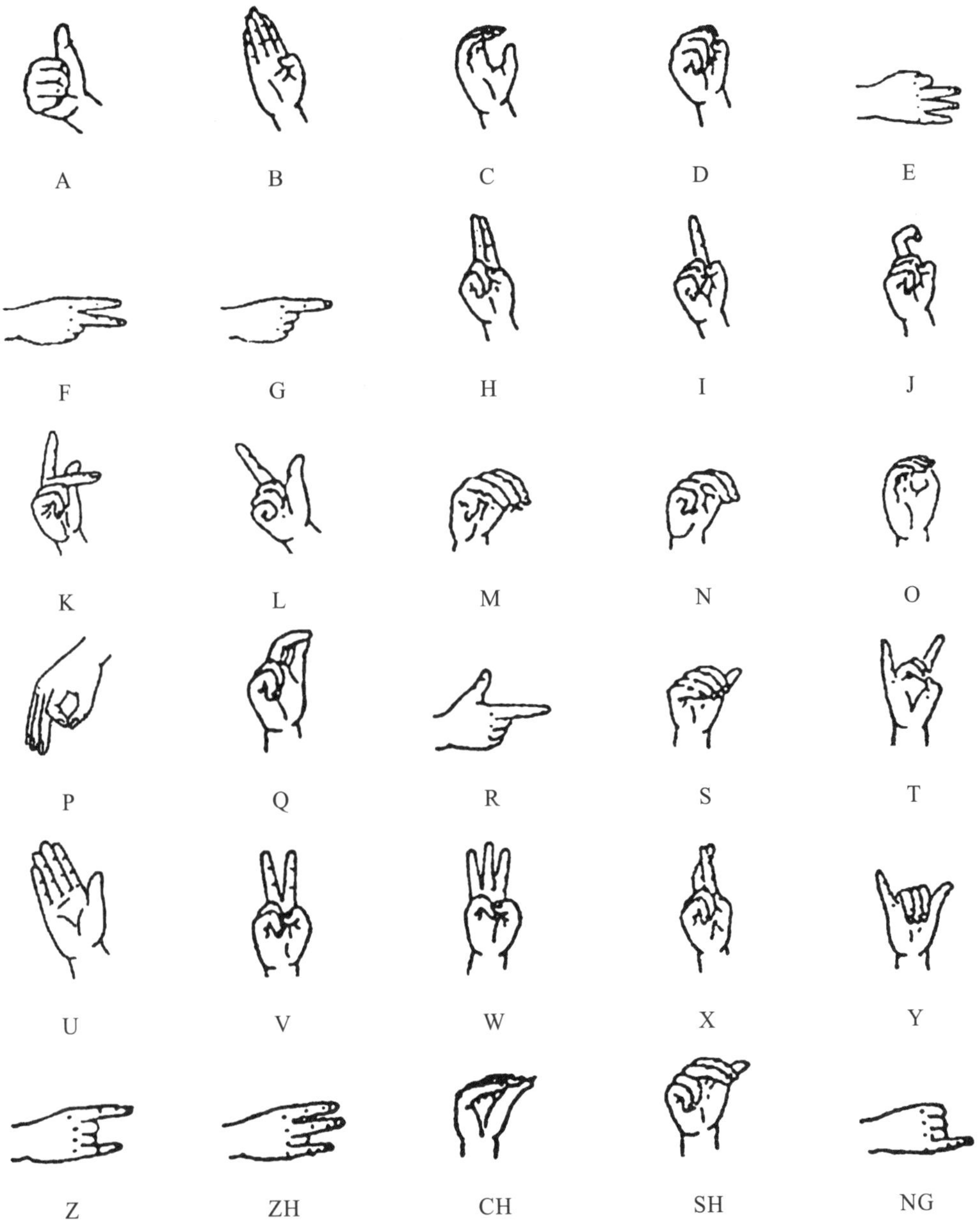

第五章　常用文明服务规范手语训练

A	B	C	D	E
F	G	H	I	J
K	L	M	N	O
P	Q	R	S	T
U	V	W	X	Y
Z	ZH	CH	SH	NG

图 5.2　拼音手势

　0　　　　　1　　　　　2　　　　　3　　　　　4　　　　　5

131

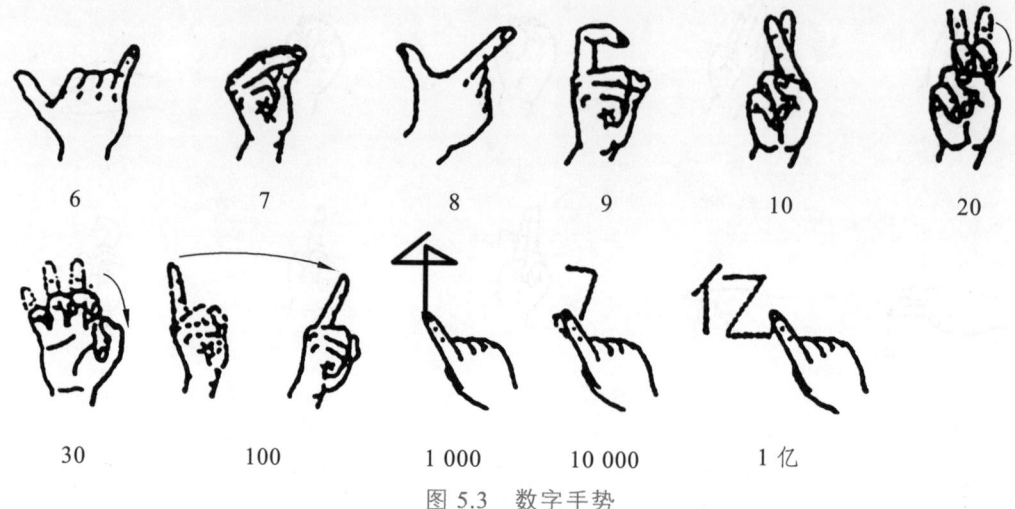

图 5.3　数字手势

手势语是以手的动作配合口型及面部表情等表达思想的一种工具。一般的汉语手势语都是根据汉字造字方式和手势动作等方式构成的。用汉字造字方式构成的手语有：

（一）表形手势

表形手势是指模拟事物的外貌、形状特点的手势动作。例如写字、跑步、洗脸、打电话等。表形手势图如图 5.4 所示：

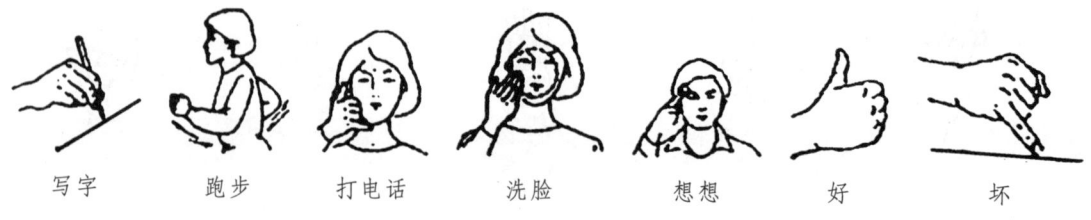

图 5.4　表形手势语

（二）表意手势

表意手势是以手势或手指字母所表示的谐音，并与面部表情相结合，表达某个词义的手势动作。例如用食指、中指贴于耳部，其意为聋人。表意手势语如图 5.5 所示：

我　　　　　　　　　你　　　　　　　　　他们

图 5.5　表意手势

（三）表音手势

表音手势是指借某一事物的手势或手指字母所表示的谐音，用来代替的手势动作。如"天气"就是借助数字"7"的音及手势的动作表示的，"意义"也是借助数字"1"的音及手势动作表述。如图 5.6 所示：

事实　　　　　　　　　天气　　　　　　　　　意义

图 5.6　表音手势

（四）仿字（符号）手势

仿字（符号）手势是指用双手手指搭成（模仿）汉字字形。汉字笔画少的可用此办法，例如"工人""品德"和数学符号"＋、－、×、÷"。如图 5.7 所示：

＋　　　－　　　×　　　÷　　　工人　　　品德

图 5.7　仿字手势

（五）书空手势

书空手势是指在空间（面前）或手掌上、桌面上，用食指写出汉字或手指字母的动作。这种办法主要是用于某些手势和手指字母不易表达的词汇。例如"了""几"。如图 5.8 所示：

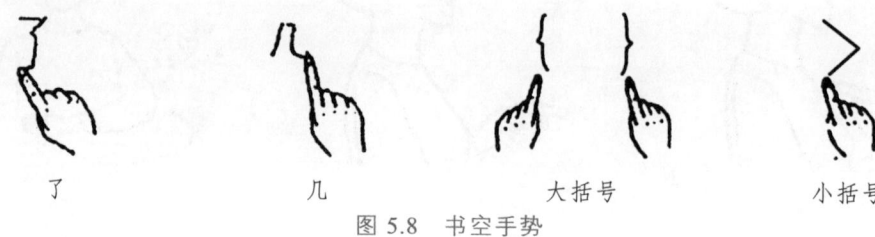

了　　　几　　　大括号　　　小括号

图 5.8　书空手势

（六）专注手势

专注手势是指手势本身不直接表示所要表示的词义，而是以所要表示词的某些含义定出手势动作，使人看了手势，通过联想去了解他要表达的内容。例如"5"和"1"的组合手势表示"劳动节"，数字"8"和"15"的组合表示"中秋节"。如图 5.9 所示：

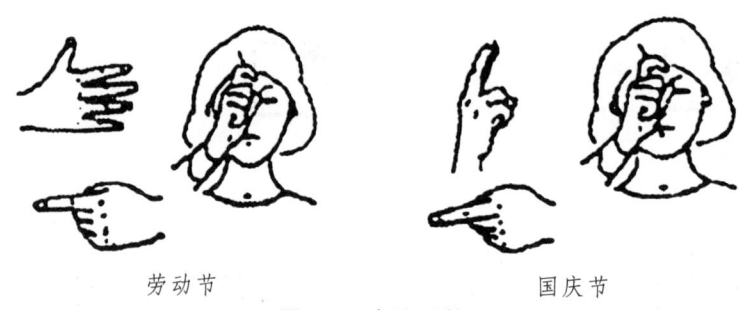

劳动节　　　　　　　国庆节

图 5.9　专注手势

（七）用手势动作方式构成的手语又可分为独立手势、基本手势和组合手势

1. 独立手势

独立手势是指一个或一组手势表示一个独立的词意，例如"不行""不管"等，如图 5.10 所示：

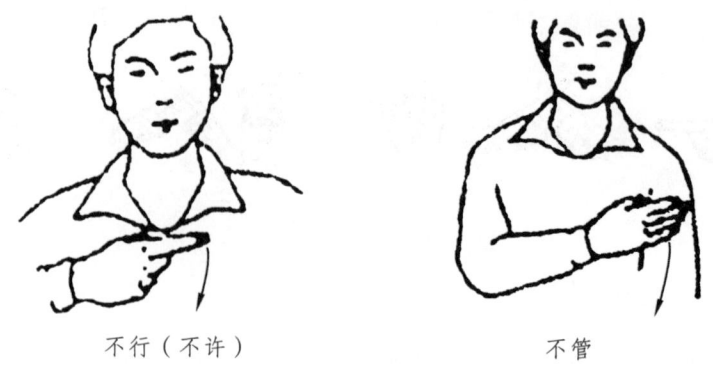

不行（不许）　　　　　　不管

图 5.10　独立手势

2. 基本手势

基本手势是指一个手势表示一个或几个近义的词义，并可以同其他手势组合，构成新的词汇。例如"自己""尊敬""指导""清楚"等词属于基本手势，如果和其他手势组合就可表达新的词义。例如"自己＋尊敬＝自尊""知道＋清楚＝明确"。如图5.11所示：

图 5.11　基本手势

3. 组合手势

组合手势是指由两个或两个以上的基本手势组合表达新的词义的手势动作。例如"手工"是由表形手势、仿字组合而成；"残疾人"是以仿字、指语两种手势组合而成；"所以"是由两个手指字母组合而成。如图5.12所示：

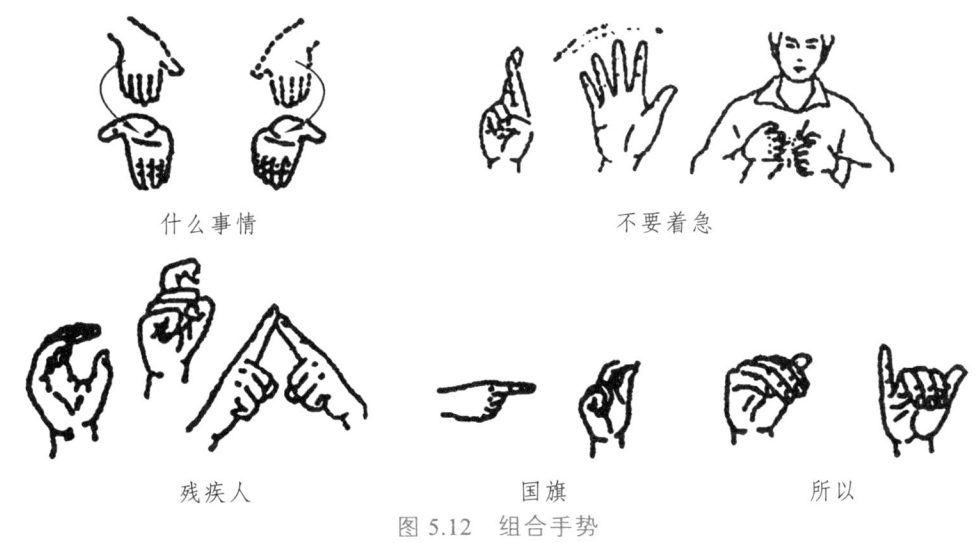

图 5.12　组合手势

用手语交流要注意口型及面部表情的配合，而且口型和表情要适当地夸大，例如问好，就要面带笑容。

第三节　公交常用手语

城市公共交通企业作为城市窗口，承载着市民出行的任务，其中也包括聋哑人士。

为了能够更好地与这部分乘客沟通交流，满足他们的出行需求，学习手语便成为城市公共交通服务人员完善服务技能，提升服务质量的必修课。

一、手语对城市公共交通服务行业的重要作用

第一，学习手语有利于城市公共交通服务人员与聋哑乘客之间进行沟通交流，满足聋哑乘客的服务需求、提升服务质量。

聋哑人士虽然存在着部分生理障碍，但不会封闭在家中。当他们选择公共交通如公交车作为出行工具时，我们的服务人员就需要掌握一种适合的、有助于相互交流的语言工具，手语就是这样一种可以共同使用、相互交流的语言工具。只有当服务人员掌握了手语，才能了解聋哑人士的需求，更好地为他们提供优质的服务。

第二，掌握手语是城市公共交通服务人员的必备条件之一。城市公共交通服务人员在工作过程中为了满足聋哑人士需要，为其提供周到、详尽的服务时必须使用手语；在解决其他乘客与聋哑人士之间的矛盾、争执时，利用手语效果更佳；社会上一部分人对聋哑人士有歧视及错误认识，使其产生自卑心理及不满情绪，此时城市公共交通服务人员利用手语与其交流，会使他们感到被尊重，体验到归属感。

第三，通过反复多次的手语练习，有助于城市公共交通服务人员预防颈椎病、肩周炎等职业病。各种手语手势都要运用手指各关节及手臂，为了方便他人读取手语信息，部分手势需要上体大幅度转动、偏向。自此，在乘务员进行手语练习的同时，也锻炼了上肢、颈、肩等身体部位，达到预防颈椎病、肩周炎的效果。

二、城市公共交通服务人员学习手语的方法

任何一种语言的习得都需要一定的语言环境，尤其是手语，它需要眼、口、手及面部表情的配合，离开了具体的语言实践，靠死记硬背各种手势语词是无法掌握手语的。

（一）扎实的理论基础

要学好手语，扎实的理论基础是必不可少的。首先要了解手势语的设计原则与方式、手势语的特点及打法，表情动作规范，使手语动作达到"准确、清晰、速度适中、自然大方"的要求。其次要掌握好手指语。手指语是手语的一个重要组成部分，它由26个字母和 zh, ch, sh, ng 组成。手指语的加入大大地丰富了手势语的表达，使手势语的表达更准确、更严密。最后，掌握好手势语的基础词。基础词又称词根，是词汇中最重要的、核心的部分。在学习过程中要做到基础词的动作准确到位，要把具有

相同基础词的手势语词进行分类记忆，这样可以减少记忆手语的数量，便于联想和记忆，有助于学习运用手语。

（二）创设有利的学习环境

学习手语很关键的一个问题是能否在实际交流中运用。很多城市公共交通服务人员能够把所学的手语词都背下来，可在和聋哑人士交流的时候还是会遇到很多困难，感觉交流不顺畅。因此，学习手语初期，工作人员之间可以互相练习，掌握手语基本词汇，逐步过渡到手语对话。但是，单纯地学习各种手语手势非常枯燥，为了避免这一情况，可以通过丰富多彩的文娱活动提高学习者的兴趣，帮助学习者记忆。例如编排手语歌舞等。

（三）注重观察能力的培养

手势语具有形象、生动的特点。一个手势动作往往反映事物最突出的特征，表现事物的外形或事物的动态，以及事物的某些含义或表现对刺激的反应等。因此，在拼打时要注重模仿事物的外部形态，抓住事物外部形态的主要特征。

（四）锻炼手指的灵活度

在学习手语的过程中，很多人已经清楚地掌握各种手语词汇的打法，但是在实际演示时却不能很快地完成动作，其根本原因在于手指僵硬不够灵活，如手指语"K"的手势。针对此种情况，学习者在学习时，可以通过手指操、手指按摩等辅助练习，加强手指灵活性的锻炼，更好地学习手语。

三、城市公共交通服务人员学习及运用手语的注意事项

（一）注意练习

手语是需要练习的，并不是自然而然就学会了。无论是学生、教师还是其余的手语使用者，如不经过训练，手语是不会规范的。有时候和自己熟悉的聋哑人士交流还比较容易，但和不熟悉的聋哑人士交流就不太容易，错译、误译是常事。这就是没有加强锻炼，不熟悉手语的表达所致。

（二）注意细节

很多初学者不注意手势的细节。所谓"差之毫厘，缪之千里"，手语里很多词语的手势很相近，如果打得不标准，就很容易造成歧义，引发误会。比如说，"瘦"是一手

夹住两颊，向下收拢五指，象征"脸瘦"；"老"是一手张开，在颌下做捋胡须的动作。这两个动作看起来很像，所以打手语一定要标准。另外，打手语要有力度、干脆、连贯，避免多余的动作。打手语还要富有表情，这不仅是手语动作的需要，也是表达情感的需要。

（三）注意面部的变化

手语中的形容词往往用表情代替,同样的手势因为表情的变化意思也会大相径庭。如"快乐"的手势：双手横伸，掌心向上，上下交替动几下，面露笑容。如果在打手势时，面无表情，所表达的意思就变成了"今天"。因此，手语是否标准，表情很重要。所以，与聋哑人士交流一定要注意自己的表情，表情没有必要刻意去练习，它都是在语境中自然出现的，待到手语表达熟练的时候，表情一定会很丰富的。

（四）手语的地域性差异

由人的各种姿势特别是手势构成的形体语言是手语体系的一个重要组成部分。它能表达人们的思想感情，有时甚至比词汇语言更有力。但是，在不同民族之间或同一民族的不同群体之间，形体语言存在着巨大的文化差异。在讲话和交际时，如果随便使用自己习惯的形体语言，往往会产生始料不及的不良后果。例如："OK"的手势在美国一般表示"完全可以，好极了"，但在很多拉丁美洲国家它是一种不敬的行为。

第四节　公交手语实际运用

一、迎送用语

1. 公交车

（1）双手拇、食指搭成"公"字。
（2）双手虚握如握方向盘，左右转动，模仿操纵方向盘动作。

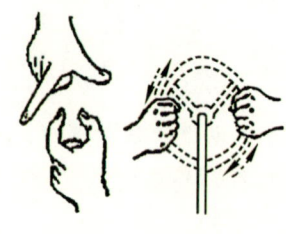

2. 您好

（1）一手食指指向对方。

（2）一手握拳，向上伸出拇指。

3. 早上好

（1）早上：一手四指与拇指相捏，手背向上横放胸前，缓缓向上抬起，五指逐渐张开，象征天色由暗转明。

（2）好：一手握拳，向上伸出拇指。

4. 下午好

（1）下午：右手食指直立于肩部，向左侧作弧形下移。象征太阳从头顶逐渐西坠。

（2）好：一手握拳，向上伸出拇指。

5. 晚上好

（1）一手四指并拢与拇指成90度直角，放在眼前，然后缓慢作弧形下移，同时五指捏合，象征天色由明转暗。

（2）一手握拳，向上伸出拇指。

6. 再 见

一手上举，五指自然伸出，手腕挥动两下。这是一般的"再见"手势。

7. 各位乘客，欢迎乘坐××路公交车

（1）各位：一手掌心向下，在胸前平行转一圈。

（2）乘客：① 一手伸出拇指和小指坐于另一掌心上，向前平移一下；② 双手掌心向上，同时向一侧移动一下。

（3）欢迎：① 双手鼓掌；② 双手掌心向上，往旁移动一下，如邀请动作。

（4）乘：乘（×）——cheng 双手食指交叉搭成"×"形，表示"乘号"。

（5）坐：一手伸出拇指和小指，坐于另一手掌心上。

（6）公交车：① 双手拇指、食指搭成"公"字；② 双手虚握如握方向盘，左右转动，模仿操纵方向盘动作。

8. 欢迎下次乘坐

（1）欢迎：① 双手鼓掌；② 双手掌心向上，往旁移动一下，如邀请动作。

（2）下：一手伸食指向下指。

（3）次：手指字母"C"的指式。

（4）乘：乘（×）——cheng 双手食指交叉搭成"×"形，表示"乘号"。

（5）坐：一手伸出拇指和小指，坐于另一手掌心上。

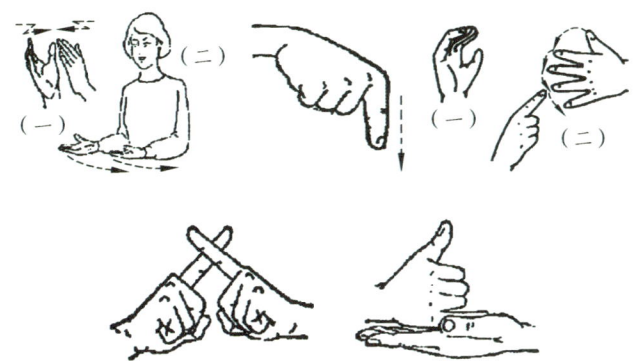

二、报站用语

1. 前方到站×××站，请乘客们做好下车准备

（1）前：一手伸食指，指向正前方。

（2）方：双手拇指、食指搭成"└ ┐"方形。

（3）到：一手拇指、小指伸直，向前移动，然后一顿，表示"到达"之意。

（4）站：一手伸食指、中指，指尖向下伸直，抵于另一手掌心上。

（5）请：双手掌心向上，在腰部向旁移，表示邀请之意。

（6）乘客：① 一手伸出拇指和小指坐于另一掌心上，向前平移一下；② 双手掌心向上，同时向一侧移动一下；

（7）做：双手握拳，上拳打下拳。

（8）好：一手握拳，向上伸出拇指。

（9）下车：一手伸食指向下指。

（10）准备：一手边拍打另一手背边向旁移动。

城市公共交通服务用语

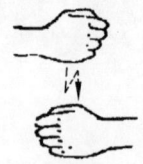

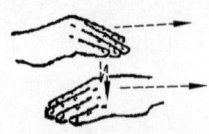

2. 请乘客按顺序上下车,不要拥挤

(1) 请:双手掌心向上,在腰部向旁移,表示邀请之意。

(2) 乘客:① 一手伸出拇指和小指坐于另一掌心上,向前平移一下;② 双手掌心向上,同时向一侧移动一下;

(3) 按:双手平伸,掌心向上,左手不动,右手向左手移过来,并在一起,表示"对照"。

(4) 顺序:① 手指字母"C"的指式;② 左手横伸,五指分开,右手食指沿左手五指向下划一下。

(5) 上:一手伸食指向上指。

(6) 下:一手伸食指向下指。

(7) 不:一手伸直,左右摆动几下。

(8) 要:一手平伸,掌心向上,由外向里微微拉动。

(9) 拥挤:双手五指合拢,微微摇动,象征"人多拥挤"的样子。

3. 请下车的乘客带好随身物品,车停稳后从后门下车

(1)请:双手掌心向上,在腰部向旁移,表示邀请之意。

(2)下车:一手伸食指向下指。

(3)的:手指字母"D"的指式。

(4)乘客:① 一手伸出拇指和小指坐于另一掌心上,向前平移一下;② 双手掌心向上,同时向一侧移动一下。

(5)带:一手握住另一手腕,由一侧向另一侧移动。

(6)好:一手握拳,向上伸出拇指。

(7)物品:双手先以食指互碰一下,然后分开并张开五指。

(8)从:双手食指、中指搭成"从"字形。

(9)后:一手伸食指,指尖向肩后指。

(10)门:双手五指并拢,掌心向外,并排直立,模拟两扇关着的门的形状。

(11)下车:一手伸食指向下指。

三、疏导用语

1. 请注意安全，慢慢上

（1）请：双手掌心向上，在腰部向旁移，表示邀请之意。

（2）注意：一手食指、中指分开，放于眼前，指尖向前点动两下，表示注意。

（3）安全：双手五指微曲，自上向下作弧形移动，表示"全部""完全"。

（4）慢慢：① 手指字母"ZH""U"的指式；② 左手横立，掌心向内，五指张开；右手拇、食指相捏，从左手拇指开始，依次向下在各指尖点一下。

（5）一手伸食指向上指。

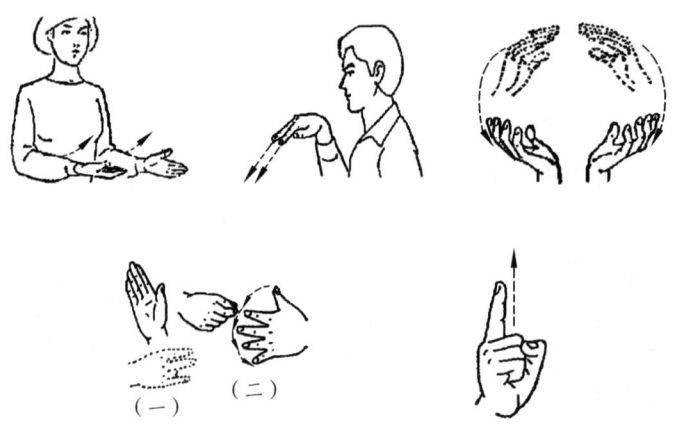

2. 请上车的乘客里面走，谢谢！

（1）请：双手掌心向上，在腰部向旁移，表示邀请之意。

（2）上车：一手伸食指向上指。

（3）的：手指字母"D"的指式。

（4）乘客：① 一手伸出拇指和小指坐于另一掌心上，向前平移一下；② 双手掌心向上，同时向一侧移动一下。

（5）里面：左手横立；右手食指直立，在左手掌内由上向下移动，表示里面。

（6）走：一手伸开食指、中指，指尖向下，一前一后交替向前移动。

（7）谢谢：一手伸出拇指，弯曲两下，表示向人感谢。

3. 请从前门上车，后门下车

（1）请：双手掌心向上，在腰部向旁移，表示邀请之意。
（2）从：双手食指、中指搭成"从"字形。
（3）前：一手伸食指，指向正前方。
（4）门：双手五指并拢，掌心向外，并排直立，模拟两扇关着的门的形状。
（5）上车：一手伸食指向上指。
（6）后：一手伸食指，指尖向肩后指。
（7）门：双手五指并拢，掌心向外，并排直立，模拟两扇关着的门的形状。
（8）下车：一手伸食指向下指。

四、安全用语

1. 请乘客们坐好，站好

（1）请：双手掌心向上，在腰部向旁移，表示邀请之意。

（2）乘客：① 一手伸出拇指、小指坐于另一掌心上，向前平移一下；② 双手掌心向上，同时向一侧移动一下。

（3）坐：一手伸出拇指、小指，坐于另一手掌心上。

（4）好：一手握拳，向上伸出拇指。

（5）站：一手伸食指、中指，指尖向下伸直，抵于另一手掌心上。

（6）好：一手握拳，向上伸出拇指。

2. 车辆转弯，请扶好

（1）车辆：① 双手拇指、食指搭成"公"字；② 双手虚握如握方向盘，左右转动，模仿操纵方向盘动作。

（2）转：双手伸食指，一指向上，一指向下，左右间距寸许，两指间在同一平面上交替旋转。

（3）弯：两手握拳置于胸前由中间向两旁作弧形动作。

（4）请：双手掌心向上，在腰部向旁移，表示邀请之意。

（5）扶：左手伸出拇指、小指，平放；右手将左手扶起。

（6）好：一手握拳，向上伸出拇指。

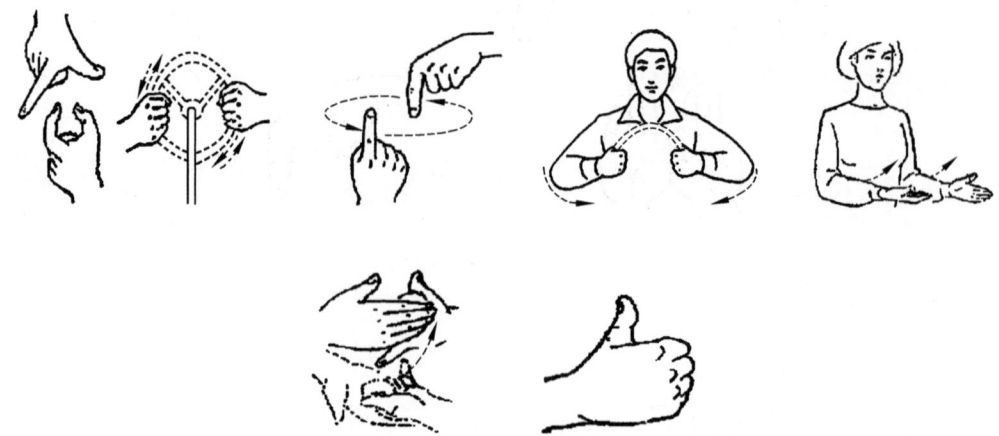

附 录

关于公布汉语手指字母方案的联合通知
1963-12-29

中华人民共和国内务部
中华人民共和国教育部
中国文字改革委员会

"汉语手指字母方案（草案）"自1959年2月发布试行以来，各地广泛进行了学习，在聋哑学校、聋哑人业余文化学校和扫盲班（组）中，利用了手指字母作为发音教学的辅助手段和识字拐棍。几年来的实践证明，这套特殊语文工具的设计基本上是成功的。它帮助了聋哑学生识记、辨认语音，提高了看话能力，加快了识字进度，更好地掌握了新词；改善了手势语的表达方法，使手势语比较精确和丰富；在成年聋哑人扫盲和文化学习中，弥补了"见物识字法"的不足。这些，都说明了手指字母在提高聋哑教育的教学质量和改善聋哑人交往方面，是一个良好的工具。

中国盲人聋哑人协会根据各地试行的经验和手指字母指式清晰性实验的结果，对"手指字母方案（草案）"反复地进行了讨论和修改，于1963年11月1日在聋人手语改革委员会上一致通过。我们同意这个方案，现在予以公布施行，并就有关问题通知如下：

一、各地民政、教育部门要督促聋哑学校、聋哑人业余文化学校，一律按公布的方案进行手指字母教学，并做好宣传和推行工作。

二、现代聋哑学校识字课本第一册已按"手指字母方案（草案）"印图，可暂时不动，但教师在教学中应以新指式为准。1964年秋季课本中的手指字母图，应按这次公布的方案进行修改。

三、已公布试行的通用手指草图，所掺用的手指字母，在学习使用时也应按新指式做相应的改变。

汉语手指字母方案

第一条

汉语手指字母用指式代表字母,按照汉语拼音方案拼成普通话,作为手语的一种-指语。

第二条

汉语拼音方案所规定的二十六个字母,用下列指式表示:

A:拇指伸出,指尖向上,其余四指握拳。

B:手掌伸直,拇指弯曲贴在手心,其余四指并齐,指尖向上,手心向前偏左。

C:拇指在下,向上弯曲,其余四指并齐,向下弯曲,相对成 C 形,虎口朝里。

D:手握拳,拇指搭在中指第二节上,虎口向后上方。

E:中、无名、小三指伸直,分开不并紧、指尖向左,手背朝外,拇指和食指弯曲,拇指搭在食指上。

F:食、中二指伸直,分开不并,指尖向左,手背朝外,其余三指弯曲,拇指搭在无名指上。

G:食指伸直,指尖向左,其余四指握拳,手背朝外。

H:食、中二指并紧伸直,指尖向上,手心向前偏左,其余三指弯曲,拇指搭在无名指上。

I:食指伸直,指尖向上,其余四指握拳,拇指搭在中指上,手心向前偏左。

J:食指伸起带弯曲,其余四指握拳,拇指搭在中指上,手心向前偏左。

K:食指伸直,指尖向上,中指伸直跟食指成 90 度角,拇指跟中指交叉相搭,其余二指弯曲,虎口朝里。

L:拇、食二指伸直分开,形成 L 形,其余三指握拳,虎口向上,手心向前偏左。

M:拇指和小指弯曲,拇指搭在小指第二节上,其余三指并齐、向下弯曲,指尖稍向下斜,临空压在拇指上,手心向前偏左。

N:无名指、小指弯曲,拇指搭在无名指上,其余二指并齐,向下弯曲,指尖稍向下斜,临空压在拇指上,手心向前偏左。

O:食、中、无名、小四指并齐弯曲,拇指跟食指、中指相抵成空拳,虎口朝里,如 O 形。

P:拇指跟食指相抵成圆圈,其余三指伸直并齐,指尖向下斜伸,虎口向外稍斜。

Q:拇指跟食指、中指相捏,其余二指弯曲,虎口朝里偏左。

R:拇指、食指伸出,拇指指尖向上稍斜,食指指尖向左,手背朝外,其余三指握拳。

S：食、中、无名、小四指并齐弯曲，手指靠近手掌一节跟手掌成 90 度角，拇指向上伸出，手心向左前方。

T：拇指跟中指、无名指相抵，成圆圈，食指和小指伸出，指尖向上，手心向前偏左。

U：手掌伸直，食、中、无名、小四指并齐，指尖向上，拇指分开不贴紧食指，手心向前偏左。

V：食指和中指伸直分开，成 V 形，指尖向上，其余三指弯曲，拇指搭在无名指上，手心向前偏左。

W：食、中、无名三指伸直分开，成 W 形，指尖向上，其余二指弯曲相搭，手心向前偏左。

X：中指搭在食指上，成交叉形，指尖向上，其余三指握拳，拇指搭在无名指上，手心向前偏左。

Y：拇指和小指伸出，指尖向上，其余三指握拳，手心向前偏左。

Z：食指和小指伸直，指尖向左，手背向外，其余三指弯曲，拇指搭在中指和无名指上。

第三条

汉语拼音方案所规定的四组双字母（ZH，CH，SH，NG），用下列指式表示：

ZH：食、中、小三指伸直，指尖向左，手背向外，拇指和无名指弯曲，拇指搭在无名指上。

CH：食、中、无名、小四指并齐伸直，跟拇指相捏，手背向上。

SH：食指和中指并齐弯曲，手指靠近手掌一节跟手掌 90 度角，拇指向上伸出，无名指和小指弯曲贴在手心，手心向前偏左。

NG：小指伸直，指尖向左，其余四指握拳，虎口向上，手背朝外。

第四条

汉语拼音方案所规定的两个加符字母（ê、ü）用原字母（E、U）附加如下动作表示：

ê 用 E 的指式，手指上下摇动两下。

ü 用 U 的指式，手指前后振动两下。

第五条

阴平（ ─ ），阳平（ ╱ ）上声（ ∨ ）、去声（ ╲ ）四种声调符号，用书空表示。隔音符号。也用书空表示。

第六条

汉语手指字母完全用一只右手打出；但是在必要的时候也可以用左手代替（方向作对应的改变）。

参考文献

[1] 彭立煌. 公交星级服务指导手册[M]. 合肥：合肥工业大学出版社，2014.

[2] 北京公共交通控股（集团）有限公司. 公交员工（工人）岗位知识读本[M]. 北京：人民交通出版社，2017.

[3] 刘康，王芳梅. 城市轨道交通客服英语口语[M]. 成都：西南交通大学出版社，2017.

[4] 北京市人民政府外事办公室，北京市旅游局. 中文菜单英文译法[M]. 北京：中国旅游出版社，2008.

[5] 陶曙教，刘伶俐. 轨道交通客运服务实用英语口语[M]. 2版. 北京：中国铁道出版社，2009.

[6] 卢小萍，姜蓉. 公交乘务英语100句[M]. 北京：北京语言大学出版社，2004.